Zivilisationsrettung jetzt!

Brüne Schloen

Zivilisationsrettung jetzt!

Ein Manifest zum klimasolidarischen Grundeinkommen

 Springer Gabler

Brüne Schloen
Wilstedt, Deutschland

ISBN 978-3-658-38330-5   ISBN 978-3-658-38331-2 (eBook)
https://doi.org/10.1007/978-3-658-38331-2

Die Deutsche Nationalbibliothek verzeichnet diese Publikation in der Deutschen Nationalbibliografie; detaillierte bibliografische Daten sind im Internet über http://dnb.d-nb.de abrufbar.

Springer Gabler

Planung/Lektorat: Isabella Hanser
Springer Gabler ist ein Imprint der eingetragenen Gesellschaft Springer Fachmedien Wiesbaden GmbH und ist ein Teil von Springer Nature.
Die Anschrift der Gesellschaft ist: Abraham-Lincoln-Str. 46, 65189 Wiesbaden, Germany

Vorwort

2010, 2018, 2021 und 2022: Dies waren die heißesten Sommer seit Beginn der Wetteraufzeichnungen. Der Sommer 2022 ist dabei der heißeste seit 500 Jahren. Auf 55.000 Hektar brannten im Jahr 2022 Wälder, bis Mitte August fehlten 40 Prozent der normalen Niederschläge, die Körnermais-Ernte war so katastrophal, dass sie nur noch zu Silage verarbeitet werden konnte. Und die Hitze kostete viele Menschen das Leben, die Übersterblichkeit in Europa betrug in Juni, Juli und August 107.000 Menschen.

Die Folgen des Klimawandel sind dramatisch, und zwar auch bei uns. Sie sind für alle zu spüren, sie betreffen alle schon jetzt – und wenn wir jetzt nicht gegensteuern, werden wir die Katastrophe nicht mal mehr abmildern können. Und trotzdem verändern die wenigsten ihr Verhalten, trotzdem zaudert und zögert und vertagt die Politik, anstatt endlich entschlossen zu handeln.

Doch es ist nicht nur der Klimawandel, der uns bedroht: Auch die dramatische Spaltung in Arm und Reich innerhalb der Gesellschaften, aber auch zwischen den Nationen, die ökonomischen und ökologischen Katastrophen, die Menschen zur Flucht bewegen, gefährden die Zukunft der Menschheit.

Dieses Buch soll dazu beitragen, zivilisationsrettende Auswege zu vermitteln um diese neuen Wege dann auch zu beschreiten. So ehrgeizig das klingt: Nur mit sehr ambitionierten Strategien werden wir die Katastrophen stoppen können. Doch dafür müssen erst einmal viel breitere Bevölkerungskreise als bisher erkennen, was die Ursachen für die Verwerfungen sind. Und damit nicht genug: Wir benötigen auch ein verbreiteteres Wissen über die Instrumente, mit denen eine wirksame Ursachenbekämpfung überhaupt erst gelingen kann.

Die in diesem Buch vorgestellten Strategien sind das Ergebnis wissenschaftlicher Erkenntnisse und theoretischer Überlegungen. Für ihre Umsetzung braucht es eine lautstarke Zivilgesellschaft, die von der derzeit schlafwandelnden Führungs-elite radikales, zukunftsverantwortliches Handeln einfordert. Nur alle gemeinsam können wir mit bisher noch nie erreichter Solidarität und mit enormem Gestal-tungsmut nachhaltige Mittel gegen die immer bedrohlicheren Umweltkatastrophen, Gesellschaftsspaltungen und globalen Verwerfungen finden.

Die krisenhaften Entwicklungen des Jahres 2022 haben dazu geführt, dass ge-rade die Mittelschicht sich auf der Verliererseite sieht und den sozialen Abstieg befürchtet: Inflation, Einkommensverluste aufgrund der explodierenden Energie-, Dienstleistungs- sowie teilweise Konsum- und Investitionsgüterpreise, hohe Miet-steigerungen überteuertes Wohneigentum vornehmlich in bevorzugten Großstadt-lagen. Das hat schon zu Verhaltensänderungen geführt: Selbst viele von jenen, die eigentlich bewusst Bio-Produkte kaufen, greifen nun zu konventioneller Ware.

Doch während die einen bisher nur fürchten müssen, die bisherige Komfortzone zu verlassen, leiden manche Armutsgefährdete und nicht wenige Transfer-empfänger unter berechtigter Existenzangst. Viele alleinerziehende Mütter und sozial besonders Benachteiligte erreichen nicht einmal durch regelmäßige Tafel-besuche eine ausreichende und gesunde Ernährung für sich und ihre Familien-angehörigen – falls sie denn überhaupt das Glück haben, bei der Lebensmittelver-teilung berücksichtigt zu werden.

Abstiegsfurcht, Existenzängste und schließlich sogar Mangelernährung sind ein fruchtbarer Nährboden für eine weitgehende Verdrängung des Klimaproblems – als würde die Katastrophe stoppen, weil der Ukraine-Krieg tobt und die Energiepreise in die Höhe schießen. Gleichzeitig aber wächst die Politikverdrossenheit, die ihre Ursa-che auch in dem tiefen Zweifel hat, dass die demokratische Staatsform die Kraft hat, massive Probleme mit notfalls ebenso massiven Mitteln anzupacken und zu lösen.

Diese Politikverdrossenheit wiederum vertieft die Gesellschaftsspaltung und potenziert die Weiterverbreitung von Verschwörungstheorien mit postfaktischen Blasenbildungen und Radikalisierungen. Wohin das führen kann, das erleben wir bereits seit einigen Jahren in den USA. Politik wird mit Emotionen gemacht, Wut und Angst insbesondere, und dieses Misstrauen und der als Propaganda-Instrument dienende Hass lähmt bereits die Politik. Spätestens mit der nächsten Präsident-schaftswahl drohen die Vereinigten Staaten in einen Bürgerkrieg abzugleiten. Ähn-liche Prozesse sind in Deutschland zu beobachten, wo radikale Parteien mit dem Schüren von Ängsten Wählerstimmen gewinnen und Menschen zu Protestmärschen auf die Straßen bringen.

Um solche Angstszenarien in Deutschland eben keine Realität werden zu las-sen, bedarf es mutiger Systemveränderungen – statt kraftlosen, von der Ampel-koalition beschlossenen Insellösungen mit Bezeichnungen wie Tankrabatt, Ent-lastungspaket, Gaspreisbremse und/oder Energiepreisschutzschirm.

Was aber hat letztlich zu der unseren Planeten bedrohenden Klimakrise wie auch zu den gesellschaftlichen Spaltungsprozessen samt globalen Verwerfungen geführt? Und schließlich: Was bisher selbst in Deutschland die seit Jahrzehnten insbesondere von vorausschauenden Umweltphysikern eingeforderte zivilisatorische Zeitenwende, durch die allein wir diesen apokalyptischen Herausforderungen begegnen können?

Das erste Kapitel des Buchs zeigt die tiefere Ursache der Klimakrise auf: den Wachstumszwang. Das ist keine Neuigkeit, doch dessen Entstehungsgeschichte und dessen maßgeblichen Urheber besser zu verstehen, ist Voraussetzung, um alternative Modelle zu entwickeln. Denn wie kam es überhaupt zu diesem kulturbeherrschenden Wachstumszwang, und warum bewirkt er nun sein Gegenteil, warum vermehrt Wachstum nicht den Wohlstand, sondern bedroht diesen?

Dazu mögen an dieser Stelle einige Stichworte reichen: All dies fußt maßgeblich auf dem vor gut zweihundert Jahren von dem Moraltheologen und Ökonomieklassiker Adam Smith vermittelten Mythos von der angeblich so wundertätigen „unsichtbaren Hand des Marktes". Dieser Mythos wurde später erweitert um die scheinbare Alternativlosigkeit eines ständigen Wachstums für das Wohlergehen der Menschheit. Dieser Irrglauben ist die fatalste Krisenursache, weshalb ich ihn nachfolgend mit dem Begriff des „Marktmythologischen Wachstumszwang" erkläre. Letzterer ist ein als Wissenschaft verkleidetes Dogma, das als Religionsersatz wirkt und viele Wirtschaftswissenschaftler, Publizisten und Politiker so suggestiv wie beharrlich fehlleitet.

Die Endlichkeit der uns zur Verfügung stehenden Ressourcen und insbesondere die uns immer stärker bedrohende Klimakrise erfordert rationales und realitätsoffenes Denken und nicht ein Festhalten an quasi-religiösen Dogmen. Wie tief der marktmythologische Wachstumszwang im Denken verankert ist, zeigt das von vielen Parteien und der gesamten Ampelkoalition beschworene „Grüne Wachstum". Ich rechne es der taz-Journalistin Ulrike Herrmann hoch an, dass sie genau dieses in ihrem jüngsten Buch verdeutlicht hat: nämlich dass „grünes Wachstum" eine Illusion ist. Was im Umkehrschluss wie auch als Schlussfolgerung aus dem bisher Gesagten bedeutet: Um unsere Zivilisation zu retten, muss unsere Wirtschaft zumindest teilweise – besser früher als später – in vielen bisher ausschließlich marktwirtschaftlich geregelten Bereichen erheblich schrumpfen.

Das setzt logischerweise Arbeitskraft- und Produktionsmittel frei. Diese müssen soweit wie möglich durch gewaltige Investitionen in den überfälligen, staatlich zu koordinierenden und gleichermaßen finanziell zu flankierenden Ausbau von erneuerbaren Energien samt Wasserstofftechnik wie auch in Verkehrswendeinfrastruktur, Agrarwende und energetische Gebäudesanierung umgelenkt werden. Außerdem müssen wir das Krankenhauswesen und die Altenpflege sanieren und personell verstärken und das für alle zugängliche Bildungswesen mit Zusatz-investitionen ausbauen. So eröffnet sich für uns ein Katastrophenausweg über eine, wie ich sie nachfolgend beispielhaft für Deutschland charakterisiere, „klima-solidarische Transformationswirtschaft".

Für den Einstieg in eine derartige Transformationswirtschaft im Sinne einer echten, sowohl kulturellen als auch sozial- und wirtschaftssystemischen Zeiten-wende bleibt nur noch ein enges Zeitfenster. Nach Auswertung der jüngsten Expertengutachten zur Klima- und Umweltentwicklung müssen wir dies spätes-tens innerhalb der nächsten zehn Jahre schaffen, um das Überschreiten von un-umkehrbaren, sich ständig katastrophenverstärkenden Kipppunkten noch ver-hindern zu können.

Für die Einhaltung einer so kurzen Frist für tiefgreifende und einschneidende Paradigmawechsel finden wir historisch betrachtet in der Mitte des vergangenen Jahrhunderts in einigen Grundsätzen nachahmenswerte Vorbilder demokratisch verfasster Länder. Nämlich Großbritannien (GB) und die USA mit der abrupten Umstellung ihrer kapitalistischen Marktwirtschaft auf eine jeweils sehr erfolg-reiche Kriegswirtschaft während des Zweiten Weltkriegs. Dazu brauchten beide Länder keinesfalls ein ganzes Jahrzehnt; das durch Hitler existenziell bedrohte Großbritannien benötigte für den Paradigmenwechsel nur wenige Monate.

Die britische Regierung bestimmte die wichtigsten Produktionsziele und sorgte durch eine strikte Mengenkontingentierung inklusive Bezugsscheinen für Grund-versorgunggüter dafür, dass sich die ärmeren Bevölkerungsschichten besser und gesünder als jemals zuvor ernähren konnten. Allerdings taugt dieses an sich er-mutigende Beispiel nur bedingt als Orientierungshilfe zur Bewältigung von Klima-krise und nationalen sowie globalen Verwerfungen. Denn heute geht es nicht um die Kontingentierung von Lebensmitteln, sondern um eine einschneidende Re-formierung des Geldwesens. Und dies erfordert für die oben umrissenen und dem-nach kurzfristig zu behebenden Solidaritätsmängel unseres Sozial- und Wirt-schaftssystems eine Einkommensabsicherung nicht nur für die ärmsten Bevölkerungsschichten, sondern überhaupt für jeden Bürger. Dafür hat sich in-zwischen der Begriff Grundeinkommen durchgesetzt.

Wie ein solches Grundeinkommen ganz im Gegensatz zum vorangegangen HARTZ VI und dem nachfolgenden Bürgergeldsystem diskreditierungsfrei und zugleich recht unbürokratisch funktionieren und über Reformen unseres der-zeitigen Steuersystems sogar im Falle einer umweltschonend, schrumpfenden Gesamtwirtschaft finanziert werden kann, das wird im nachfolgenden Manifest unter dem Begriff „Klimasolidarisches Grundeinkommen" ausführlich dargestellt und begründet. Die ausgeführten Architekturen sowie Reform- und System-wandelblaupausen garantieren auf Grundlage des derzeitigen Preissystems steuerfreie € 1400,--pro Monat plus Alleinerziehenden-Zuschlag. Wird dies vertrauensstiftend kommuniziert, führt dies zu erheblich mehr Zukunftsvertrauen – und zwar nicht nur für jene, die sich vor dem sozialen Abstieg fürchten, sondern auch für die, die tatsächlich armutsgefährdet sind. Und diese Versprechen dürften zusammen mit der im dritten Kapitel ausführlich erläuterten Reform des Geldwesens auch die Zustimmung vieler Angehöriger der wohlhabenderen Gesellschaftsschichten erlangen. Denn diese Reform ermöglicht die schuldenfreie Defizitfinanzierung des Staatshaushalts.

Eine Neuerung ist hierbei eine deutlich erhöhte Erbschaftssteuer, deren Mehreinnahmen zum Gemeinwohl beitragen. Die Erhöhung der Erbschaftssteuer ist eine wichtige Voraussetzung für eine nachhaltige Bewältigung der vorgenannten Krisen und Verwerfungen. Das sieht inzwischen selbst der SPD-Wirtschaftspolitiker Peer Steinbrück so, wie er Anfang Oktober 2022 im TV-Gespräch mit Markus Lanz deutlich machte. Nur bleibt jedweder Weg zu einem sozial engeren Zusammenrücken für die Ampelkoalition versperrt, solange der FDP-Mann Christian Lindner als Bundesfinanzminister nicht zuletzt wegen seines marktradikalen Dogmatismus Steuererhöhungen auch für Erben generell ablehnt.

Dass Christian Lindner überhaupt seine gesellschaftsspaltende Disruptionspolitik (mit erheblichen Verlusten an Wählersympathie, aber ohne massiven, gemeinsamen Widerstand seiner Ampelpartner) relativ ungefährdet weiter zelebrieren kann, das liegt auch an den vielfach gleichgerichteten, leider wenig gemeinwohlförderlichen Grundmotivationen der politischen Führung. Die Grundmotivation aller Ampelpartner einschließlich der Vertreter von DIE GRÜNEN reicht nämlich über deren Bestreben auf die jeweilige Sicherung und möglichst Ausweitung ihres kurzfristigen Machterhalts nicht hinaus. Ein längerfristig ausgerichtetes Denken zum Wohl der gesamten Bevölkerung verbleibt für alle offensichtlich sekundär. Das kann und wird sich erst dann ändern, wenn über Bewegungen der Zivilgesellschaft – und diese am besten unterstützt durch die veröffentlichte Meinung – viel mehr Druck als bisher entsteht für einen Politikwandel in Richtung der oben skizzierten Zeitenwende. Erst wenn dieser Druck so groß ist, dass führende Politiker um den Erhalt ihrer Machtpfründe fürchten, gibt es eine Chance für die Rettung der Zivilisation wie wir sie kennen.

Wilstedt, Deutschland
Oktober 2022

Brüne Schloen

Inhaltsverzeichnis

Woran droht unsere Zivilisation zu scheitern?

Ob unsere Zivilisation von einem grundlegenden Scheitern bedroht ist, das wird immer offener von einem nicht mehr zu übersehenden Teil auch bekannterer Persönlichkeiten ernsthaft hinterfragt. Das ist kaum verwunderlich, denn zumindest indirekt drängt sich diese Frage allein schon beim Lesen der jüngsten IPCC-Berichte auf. Letztere überraschen ja durch ihre gegenüber den Vorberichten grundlegend verschärften Apokalypse-Warnungen. Noch bis Anfang dieses 20er-Jahre bemühte sich der IPCC bekanntlich über Jahrzehnte nahezu vergeblicher Weckrufe unverdrossen um die Aufrechterhaltung optimistischer Zukunftsperspektiven. Nun aber halten offensichtlich immer mehr führende Klimaforscher das Überschreiten unumkehrbarer Kipppunkte in Richtung sich automatisch verstärkender Klimakatastrophen bereits in naher Zukunft für nicht mehr unwahrscheinlich.[1] In dem sich auch dadurch an Dramatik aufladenden Diskurs bekennen sich immer mehr Gesellschaftswissenschaftler, Umweltökonomen, Soziologen und politisch aktive Philosophen zu der These, dass eine auf unbegrenztem Wachstum basierende Zivilisation keine Zukunft mehr hat.[2] Allein von dieser Feststellung ausgehend liegt die Frage nahe, ob denn die Zivilisation, wie wir sie kennen, überhaupt noch zu retten ist? Diese Frage stellt sich in Anbetracht putinscher Weltfriedensgefährdungen mit der bis vor kurzem schwer vorstellbarer Folgewirkung eines Zerfalls der Weltwirtschaft in einen demokratischen Block einerseits und einen autokratischen Block andererseits.

---

[1] So der Tenor des IPPC-Teilberichts (2021), der Klimawandel verläuft schneller und folgenschwerer.

[2] So folgert dies z. B. Sighard Neckel (2021) in der von ihm als „Kallopsologie" überschriebenen Analyse.

© Der/die Autor(en), exklusiv lizenziert an Springer Fachmedien Wiesbaden GmbH, ein Teil von Springer Nature 2023
B. Schloen, *Zivilisationsrettung jetzt!*,
https://doi.org/10.1007/978-3-658-38331-2_1

Zur zuletzt angesprochenen Schicksalshinterfragung versuchten unter anderen die Umweltökonomen und Philosophen Rupert Read und Samuel Alexander noch vor der putinschen Ukraineaggression erste Antworten zu finden. Dafür wollen beide sich nicht mehr wie so viele Wissenschaftler bisher „vor der Wahrheit verstecken, wie bedrohlich oder schwierig dies auch sein mag" (Read & Alexander, 2020). Dazu stellen Read und Alexander ihren Ausführungen die These voran, dass eine nur technologische Lösung (technische Transformation) die Klimakrise nicht nachhaltig entschärfen kann. Wer so denke, meinen beide, der versuche fälschlich, mit einem „weiter so wie bisher" sich und ggf. auch die übrige Bevölkerung einzulullen. Vielmehr sei es vor allem notwendig, dass wir die ökologische Krise als umfassenden, globalen Notstand und existenzielle Bedrohung wahrnehmen.

Read und Alexander halten ein optimistisches und zwei pessimistische Zukunftsszenarien für möglich. Im optimistischen Falle würde es irgendwie gelingen, sich radikal und rasch noch rechtzeitig nicht nur technologisch zu transformieren. Dieses Szenario halten beide allerdings für extrem unwahrscheinlich. Zumindest was Letzteres betrifft stimmen sie mit dem bekannten deutschen Klimaforscher Hans Joachim Schellnhuber überein. Dieser mahnte 2020 in einem Interview von Der Spiegel an, dass das wahre Ausmaß der Klimabedrohung nach wie vor nicht erkannt sei und dass die Weltgemeinschaft, um die Klimakrise zu bekämpfen, eine noch nie da gewesene Solidarität beweisen müsse. Die Wahrscheinlichkeit dafür, dass dieses gelingt, schätzt Schellnhuber (2020) mit zehn Prozent ein.

Für eher zu erwarten halten auch Read und Alexander ihre beiden pessimistischen Szenarien. Eines davon läuft darauf hinaus, dass diese Zivilisation gründlich und endgültig zusammenbricht – dies infolge zunehmender klimatischer Extremereignisse, umfassendem Niedergang des zivilgesellschaftlichen Lebens, Hungerkatastrophen und kriegerischen Ereignissen. Allerdings glauben beide, dass daneben unter bestimmten Voraussetzungen noch die Möglichkeit entstehen kann, den Keim für eine zukünftige Nachfolgezivilisation zu legen. Mit Letzterem unterscheiden sie sich von Jonathan Franzen, der weitere Kampfstrategien gegen den Klimawandel für inzwischen hoffnungslos verloren erachtet. Für ihn ist die Zivilisation, wie wir sie kennen, unumkehrbar der immer größer gewordenen Kluft zwischen technologischen und moralischen Fortschritt zum Opfer gefallen. Aber auch im Angesicht des dadurch ausgelösten Zivilisationszerfalls mahnt Franzen an, dennoch alles zu versuchen, um so weit wie irgend möglich selbst im fortschreitenden Untergang gesellschaftlichen Zusammenhalt zu stiften. Insbesondere durch die Gewährleistung von fairen Wahlen, die Ausschaltung von Hassmaschinen der sozialen Medien, den Kampf gegen Vermögensungleichheiten und die Stärkung einer freien, unabhängigen Presse. All das seien für ihn ab jetzt die allein noch sinnvoll möglichen und zugleich notwendigen Klimaaktionen (Franzen, 2020, S. 35 ff.).

Ein verbindendes Merkmal aller zuletzt zitierten Beiträge zur aktuellen Zivilisationsgefährdung („Kollapsologie") ist das Ausblenden jedweder tiefergehender Hinterfragung der Verursachung all dessen. Natürlich wird mehr oder weniger oberflächlich der Wachstumsdogmatismus als umweltzerstörende Haupttriebfeder benannt. Es wird aber nirgendwo untersucht, worauf die als politikbeherrschend anmutende Wachstumsbesessenheit selbst in Anbetracht dadurch bewirkter Katastrophen zurückzuführen ist? Auch findet man allenfalls sporadisch Hinweise dazu, warum gegen diesen Dogmatismus bisher weder die westlichen Demokratien noch die an Einfluss gewinnenden Autokratien insbesondere chinesischer Prägung überzeugende Gegenalternativen entwickelt haben?

Für ein Vordenken samt Vorteilsbewertung wirksamer Strategien zur Überwindung des Wachstumsdogmatismus benötigen wir aber schon ein tieferes Verursachungsverständnis für denselben. Dieser Dogmatismus ist ja ganz bestimmt nicht vom Himmel gefallen. Schon eher mag das der Wiedersacher von allem göttlichen maßgeblich seine Hände im Spiel haben. So ergeben sich zunächst die Fragen: Durch wen bzw. welche Einflusskreise ist die Menschheit diesem Dogmatismus verfallen und warum konnte dieser vor allem seit gut vierzig Jahren immer verheerendere Wirkung für die Gesamtmenschheit entfalten? Und schließlich: Warum sind bisher Versuche zu dessen Einhegung bzw. Umwandlung gescheitert?

Es sind nach meinem Urteil vor allem drei Ursachenphänomene, die den obigen Dogmatismus keimen und wachsen ließen sowie dessen Einhegung und Umwandlung bisher weitgehend verhindert haben. Das erste und wirkungsstärkste Ursachenphänomen möchte ich als „marktmythologischen Wachstumszwang" bezeichnen. Das zweite Phänomen nenne ich „schlafwandelnde Führungselite"; und den dritten Ursachenkreis möchte ich mit den Worten „karrierebefeuerter Parteienegoismus" beschreiben. Alle drei Ursachenphänomene durchdringen und verstärken sich gegenseitig. Für die gesellschaftlichen Zerstörungspotenziale aller drei Phänomene liefern aktuell die USA eines der eindrucksvollsten Beispiele. Dort haben plutokratische Wachstumsmythen gepaart mit republikanischem Parteienegoismus einen marktradikalen Neoliberalismus befeuert, der den freien Markt als gottgewollt verherrlichte und für sinkende Löhne und eine enorme Ungleichheit gesorgt hat. Was im Ergebnis nach dem bekannten Zukunftsforscher Francis Fukuyama „den Weg für Trump bereitet hat" (Pfister, 2021, S. 94 f.). Durch das sodann von Trump angestiftete Chaos treiben laut dem berühmten, ehemals republikanischen Parteienberater Robert Kagan die Vereinigten Staaten in die „größte politische und verfassungsrechtliche Krise seit dem Bürgerkriege zu … mit der … denkbaren Möglichkeit, dass es in den nächste drei oder vier Jahren zu Fällen von Massengewalt … [bis zum] Zusammenbruch der Bundesstaatlichen Ordnung kommt"

(Kagan, 2021, S. 16). Auf den Punkt gebracht: Es droht ein Bürgerkrieg mit weltweiter Destabilisierung USA-abhängiger Demokratien.

1.1   Marktmythologie plus Wachstumszwang

So etwas wie ein „Marktmythos" entstand und verbreitete sich zunächst im Britischen Empire, von diesem anschließend weltweit mit immer dominanterer Durchdringung auch solcher Gesellschaftsbereiche, die zumindest nach westlichem Kulturverständnis zuallererst einer demokratischen Einhegung bedürfen. Dabei sind Märkte, solange sie nicht monopolmäßig beherrscht werden, für den Austausch der meisten Güter und Dienstleistungen durchaus notwendig und für das allgemeine Wohlergehen förderlich. Problematisch bis gefährlich wurde erst – und darum allein soll es im Folgenden gehen – das inzwischen erreichte Ausmaß an Mystifizierung dessen, was Märkte vorgeblich leisten sollen, aber ohne gesellschaftspolitische Vorgaben und wertebasierte Leitplanken oftmals gar nicht können.

Den Keim für die trotz drohender Klimakatastrophe immer noch gesellschaftsbeherrschende Mystifizierung des Marktgeschehens legte vor nahezu zweihundertfünfzig Jahren Adam Smith. Der schottische Moraltheologe wurde mit seinem berühmten Werk „Der Wohlstand der Nationen" Schöpfer der sich in den Folgejahrhunderten immer mehr zu einem magischen Heilsversprechen mendelnden Behauptung von der segensreichen „unsichtbaren Hand des Marktes". Diese unsichtbare Hand solle nach Smith geradezu Wunder vollbringen, nämlich die von ihm für sämtliche Marktteilnehmer unterstellte, egoistische Umtriebigkeit zu einer Steigerung des Gesamtwohls transformieren. Dies funktioniere nach Smith deshalb, „weil sich die eigennützig handelnden Kapitalisten denjenigen Anlagen zuwenden, in denen die höchsten Gewinne erzielt werden. Indirekt wird aber auf diese Weise auch die Produktivität der Volkswirtschaft am besten gefördert. Jeder glaubt nur sein eigenes Interesse im Auge zu haben; tatsächlich aber erfährt so auch das Gesamtwohl der Volkswirtschaft die beste Förderung". Diese Thesen versucht Smith durch ein für das Verständnis seiner Theorie wesentliches Loblied auf Eigennutz und (staats-)freie Märkte zu untermauern. So begründet er einen eigennutzbasierten Kapitalismus ohne jedwede demokratisch-staatliche Einhegung mit der Behauptung: „Verfolgt er [der Kapitalist] nämlich sein eigenes Interesse, so fördert er damit indirekt das Gesamtwohl viel nachhaltiger, als wenn die Verfolgung des Gesamtinteresses unmittelbar sein Ziel gewesen wäre. Ich habe nie viel Gutes von denen gesehen, die angeblich für das allgemeine Beste tätig waren …" (Smith, 1776, S. 163).

Die Gefahr der von Smith in die Welt gesetzten Mythen von der über Eigennutz gemeinwohlstiftenden „unsichtbaren Hand des Marktes" liegt in deren Suggestivwirkung. Nämlich einer gegriffenen Heilsunterstellung im Sinne von „die unsichtbare Hand richtet schon alles zum Besten". Dazu aber liefert weder Smith noch einer seiner späteren Nachfolger bezeichnenderweise Hinweise, wer bzw. was denn diese „unsichtbare Hand" eigentlich sei? Dem Wortlaut nach kann dies nur, eben weil unsichtbar, ein geistiges Wesen sein? Es stellt sich dann allerdings die Frage: Sollte dieses Wesen für Smith und seine vielen Lehrmeinungsübernehmer göttlichen oder doch eher diabolischen Ursprungs sein? Vermutlich wünschte sich der Moraltheologe Smith ersteres. Jedoch: Mit seinem Hohelied für einen stets wohlfahrtschaffenden, eigennutzgetriebenen Wettbewerb durch „freie Unternehmer auf freien Märkten" dürfte Smith bei tiefergehender Hinterfragung eher einem diabolischen Wesen (ungewollt) in die Hände gespielt haben. Was zumindest der Volksmund mit dem zugegeben vulgären Erfahrungssatz so beschreibt: „Der Teufel sch … immer auf den größten Haufen".

Dass aus alldem in den letzten Jahrhunderten eine so wirkungskräftige Mythenbildung entstanden ist, dafür kann keinesfalls allein Adam Smith verantwortlich gemacht werden. Vielmehr trugen dazu nicht zuletzt die seinen Marktmythos vertiefenden Ökonomen wie z. B. Ricardo (2006) und der mathematisch begabtere Léon Walras (2010) (1834–1910) mit seiner Theorie so genannter Marktgleichgewichte bei. Die sich daraus entwickelnde statische Theorie wurde durch August von Hayek (2011) weiter zu einem marktradikalen Marktmythos mystifiziert.[3] Hinzu kamen bahnbrechenden Theorieerweiterungen seitens Joseph Schumpeter. Durch dessen Lehre von der „schöpferischen Zerstörung" konnte die bis dahin eher statische Theorie der Marktgleichgewichte zu einer der Lebenswirklichkeit schon eher entsprechenden Innovations- und Wachstumstheorie erweitert werden (Schumpeter, 2003). Erst auf dieser Grundlage entwickelt sich insbesondere über den daraus erwachsenden Neoliberalismus das Dogma eines marktgesteuerten Wachstumszwangs. Die nahezu siebzigjährige Tradierung obiger Dogmen durch Gleichsetzung von marktbefeuertem Wachstum mit gesellschaftlichem Fortschritt hat bis heute das Bewusstsein auch vieler Persönlichkeiten des öffentlichen Lebens

---

[3]All dies erklärt der bekannte amerikanische Ökonom Herbert A. Simon dadurch, dass „Ökonomen nicht denselben Zugang … zur Theorie entwickeln … wie andere Sozial- und Naturwissenschaften … [, weil sie] … die neoklassische Gleichgewichtstheorie mit Nutzenmaximierung als treibendem Mechanismus als ein sehr schönes Gebilde ansehen … [und dadurch] sehr widerspenstig gegen die Annahme und Anerkennung von Fakten aus der realen Welt [sind]." (Smith, 1776, S. 163)

stark geprägt.[4] Wegen der schon durch die veröffentlichte Meinung immer wieder popularisierten Wachstumseinforderungen ist es durchaus berechtigt, von einem „marktmythologischen Wachstumszwang" zu sprechen.[5]

Gegen diesen eher religiös als wissenschaftlich anmutenden „marktmythologischen Wachstumszwang" wandte sich vor gut fünfzig Jahren in besonders prominenter Weise der Club of Rome. Er versuchte durch das Aufzeigen der dadurch befeuerten Gefahren eines Kollapses der globalen Systeme, ein Bewusstsein für die Grenzen eines ständig anhaltenden Wachstums zu erzeugen. Die Kernbotschaft des Clubs lautete: Ein Dauerwachstum im Sinne eines uneingeschränkten „weiter so wie bisher" führt langfristig zu einer ökologischen Verwüstung.

Die kommunikative Kernschwäche des Berichts, der samt Folgeauflagen schon zehn Jahre nach seinem ersten Erscheinen Millionen Leser erreichte, liegt in dessen Betonung, dass die angemahnten Wachstumsgrenzen langfristiger Art seien. Diese Blickrichtung hielt sogar noch 50 Jahre später der Autor von „Grenzen des Wachstums", Dennis Meadows (1992) im SZ Magazin 02/2022 mit seiner These aufrecht, das „diese Zivilisation aus längerfristiger Perspektive sinnlos sei". Das missverstanden offenkundig viele Berichtsleser im Sinne von „Dann haben wir ja für ein ökologisch-wirtschaftliches Umsteuern noch jede Menge Zeit". Die dadurch bewirkte Unentschlossenheit auch im Kreise potenzieller Umweltaktivisten übertrug sich leider auch auf deren Diskurs zu der sich immer mehr abzeichnenden Klimakatastrophe. All das erleichterte es der bestens vernetzten Lobby von plutokratischen Wachstumsverfechtern und Klimawandelleugnern, ihren manipulativen Kampf für ein weiterhin marktbefeuertes Wachstum zumindest bis zum Jahr 2015 weitgehend unangefochten von gegenläufiger Umwelt- und Klimagesetzgebung fortzusetzen.[6]

---

[4] Das gilt selbst für reflexionsbegabte Persönlichkeiten, wie z. B. den stellvertretenden Chefredakteur von Die Zeit Bernd Ulrich. Für ihn jedenfalls gilt das für deutsche Journalisten ungeschriebene Verbot der Parteilichkeit ausdrücklich nicht für Wirtschaftsredakteure betreffend deren „Einsatz für das Wachstum". Parteiliche Wachstumsunterstützungen haben für Ulrich in seinem Streitgespräch mit Luisa Neubauer trotz drohender Klimakatastrophe denselben Ausnahmestellenwert wie „der Einsatz für Demokratie" (Neubauer & Ulrich, 2021, S. 77).

[5] Ein solcher Wachstumszwang beherrscht entgegen der anschwellenden Kapitalismuskritik nach jüngsten Befragungen immer noch das Bewusstsein der Bevölkerungsmehrheit. Trotz Klimakrise gilt dies auch für den Mainstream von Politik, veröffentlichter Meinung und Wirtschaftswissenschaft, so z. B. auch für den sich diesem Thema aktuell widmenden Ökonomen Binswanger (2019).

[6] Zu dem insbesondere in den USA politikbeherrschenden Einfluss von Klimawandelleugnern bis zu plutokratischen Wachstumsbefeuerern siehe auch Schloen (2021, S. 50 ff.).

Den weitreichenden Einfluss von Wachstumsverfechtern samt neoliberaler Wirtschaftswissenschaft erkennt man zumindest indirekt selbst noch in den neueren Veröffentlichungen des Club of Rome. So auch in der zuletzt von Ernst Ulrich von Weizsäcker mit verantworteten, in Sachen notwendiger Wachstumsumsteuerungen bemerkenswert defensiven, kleinteiligen und kaum Handlungsmut stiftenden Neuauflage (von Weizsäcker & Wijkmann, 2018). Das dadurch ungehindert fortschreitende Wirtschaftswachstum bewirkte nicht nur für Deutschland ein anhaltendes Politikversagen in Sachen Klima- und Umweltschutz, vielmehr auch eine dadurch bedingte Zukunftsangst, wie sogar Bernd Ulrich dies zutreffend feststellte. Ulrich folgerte diesbezüglich in seiner Streitschrift mit Luisa Neubauer: „Im Nachhinein betrachtet wäre die Klimathematik ohne Fridays for Future nicht wiederbelebt worden. Sie wäre im Genuschel von NGOs, den Grünen und der anderen Parteien sediert" (Neubauer & Ulrich, 2021, S. 99). Nur: Der beeindruckende Erfolg der durch Greta Thunberg weltweit entfachten Jugendbewegung kann nur dann die für deren Zielerreichung notwendigen Umwandlungen bewirken, wenn für Letztere auch wirtschafts- und sozialpolitische Neuorientierungen vorgedacht und wirkungsmächtig kommuniziert werden.

Immerhin haben die zeitgleich seit den ersten Weckrufen von Greta Thunberg sowohl in Deutschland wie auch weltweit verschärft auftretenden Klimakatastrophen bewirkt, dass insbesondere seit 2021 einige der schon seit Jahrzehnten die globale Wachstumsgetriebenheit kritisierenden Mahner, wie z. B. der Nachhaltigkeitsforscher Ortwin Renn (2019) und der Soziologe Harald Welzer (2016) mehr Aufmerksamkeit als bisher zuerkannt wurde. Dies geht sogar so weit, dass der gewiss nicht umstürzlerische Spiegel sich zu der Feststellung aufschwingt, dass sich nach den jüngsten Erkenntnissen der Klima- und Konsumfolgenforschung doch wohl wieder „die Systemfrage" stellt. Als ein Belegbeispiel dafür zitiert der Spiegel-Redakteur Ullrich Fichtner den Umweltwissenschaftler Ortwin Renn aus dessen Interview mit Autoren des Bestsellers „Deutschland 2050": „Jeder Mensch in der Welt [kaufe] sich im Durchschnitt ein Kleidungsstück in der Woche. In der Folge landen in Europa mehr als 5,8 Millionen Tonnen Textilien pro Jahr im Müll. In den USA sind es 14 Millionen Tonnen. In Deutschland werden ... die Hälfte aller T-Shirts nach weniger als 37 Tagen weggeschmissen", wonach Fichtner folgert: „Vielmehr muss man eigentlich nicht wissen, um sagen zu können, dass jener Gott des Konsums, wie wir ihm nun seit gut einem halben Jahrhundert [trotz des obigen Club of Rome Weckrufs] gehuldigt haben, tot ist" (Renn & Fichtner, 2021).

Erste Ansätze zu einer von Fichtner im zuletzt zitierten Artikel eingeforderten „Perestroika des Kapitalismus" formuliert Maja Göbel in Anlehnung an Thomas Beschorner in ihrem Buch „Die Welt neu denken" (2020). In diesem versucht sie im Gegensatz zur smithschen Mythologie egoismusgetriebener Märkte eine ethische Rahmenordnung für das Marktgeschehen einzufordern. Diese sollte vor allem Anreize setzen, das bisher ausschließlich „eigennutzorientierte Verhalten im Zaum zu halten und moralisches Verhalten zu fördern". Dazu gehören nach Göbel auch Anreize für das Akzeptieren und Unterstützen von mehr Verteilungsgerechtigkeit. Denn: Wer akzeptiert, „dass wir uns an den begrenzten Möglichkeiten unseres Planeten ausrichten müssen[,] … der muss auch akzeptieren, dass Güter und Verschmutzungsrechte endlich sind. Wenn der Kuchen aber nicht immer größer werden kann, stellt sich automatisch die Frage, wie er zu verteilen ist. … Umweltfragen sind immer Verteilungsfragen und Verteilungsfragen immer Gerechtigkeitsfragen. … Doch diese Begrenztheit [und soziale Bedingtheit] ist noch nicht in das Bewusstsein der Menschheit vorgedrungen, sie bestimmt noch nicht unser Handeln" (Göbel, 2020, S. 181). Warum das vor allem so ist, hat der Soziologe Harald Welzer in seinem wachstumskritischen Buch auf den Punkt gebracht, in dem er schon vor gut zehn Jahren von einer „Wachstumsreligion" sprach. „Diese sei mit allen Merkmalen des Sakralen ausgestattet – mit Priestern [vorgestellt als Wirtschaftswissenschaftler], Ritualen, Geboten, Verboten, Sünden und Strafen. … [S]ie muss daher [für eine Bewältigung der Klimakrise] säkularisiert [und entmystifiziert] werden" (Welzer & Legewie, 2016, S. 112).

1.2   Schlafwandelnde Führungselite

Dass die Begrenztheit der planetarischen Ressourcen einschließlich der daraus erwachsenden Notwendigkeit von gerechterer Einkommens- und Vermögensverteilung bisher auch international so wenig in das öffentliche Bewusstsein vorgedrungen ist, das sagt viel über die herabgedämpfte Wachheit und (Un-)Verantwortlichkeit weltweiter Führungseliten aus. Auch in Deutschland ermangelt es seiner tonangebenden Elite trotz drohender Umweltapokalypse immer noch am vorrangigen Willen zu einer für die Katastrophenabwehr angemessenen, solidarischeren Neugestaltung unseres Gemeinwesens. Die sich dadurch offenbarende Bewusstseins- und Willensschwäche erinnert mich stark an das gesamteuropäische Eliteversagen vor gut hundert Jahren. Dessen Folgen entluden sich bekanntlich in der Menschheitskatastrophe des Ersten Weltkriegs. Die Ursachen für diese Katastrophe samt des diese veranlassenden Führungsversagens dokumentierte so erhellend wie eindrucksvoll erst hundert Jahre später der bekannte australische Historiker Christopher Clark (2013). Der akribischen und mit umfassenden Datennachweisen unterlegten Argumentation Clarks zufolge geschah der Kriegsausbruch keinesfalls durch die selbst vom bundesrepublikanischen Historikermainstream bis zum Erscheinen seines Buches stets behauptete Alleinschuld des Deutschen Reiches. Vielmehr erfolgte der Kriegsausbruch nach Clark durch ein kollektives Versagen aller europäischen Mächte. Deren Elite hatte nämlich länderübergreifend ein völlig unterentwickeltes Bewusstsein für die Notwendigkeit und Alternativlosigkeit einer gesamteuropäischen Friedenspolitik. Dafür fehlten derselben schlicht die Fantasie und wohl auch der Erkenntniswillen, sich die verheerenden Folgen eines europaweiten Krieges überhaupt vorzustellen. So beförderten nach Clark mit Ausnahme von Angehörigen sowie Sympathisanten der Sozialistischen Internationale nahezu alle beherrschenden Politikerkreise samt veröffentlichter Meinung mit bemerkenswerter Naivität und Unbekümmertheit chauvinistisch getriebene Allianzen. Letztere verhielten sich dadurch gegenüber den bedrohlichen Gefahrenpotenzialen und der ihnen schon deswegen obliegenden (Friedenssicherungs-)Verpflichtung bildlich gesprochen wie „Schlafwandler". Die Folgen ließen sich sehr bald mit weltweit über zehn Millionen Toten besichtigen.

Drängen sich beim Vergleich dieses für den Ausbruch des Ersten Weltkriegs so verhängnisvollen „Schlafwandlertums" mit der heute beobachtbaren „Problemverzwergung" und Solidaritätsverdrängung in Sachen der drohenden Klimaapokalypse durch weltweite Führungseliten nicht verblüffende Parallelen auf? Damit hinterfrage ich nicht nur das unverantwortliche Verhalten der für die Klimawandelleugnung üblichen Verdächtigen wie Bolsenaro, Trump, Putin, Erdogan und nicht zuletzt Mehrheiten der US-amerikanischen Republikaner, der deutschen AfD samt europaweiten Querdenkern und was sich so alles weltweit an egomanen Umweltzerstörern hervortut. Aber nicht nur die den gesellschaftlichen Zusammenhalt gefährdenden Blasenbildungen und Radikalisierungen– nein – ich meine damit auch und vor allem Mehrheiten der als politische Mitte angesehenen Führungspersönlichkeiten innerhalb von Wissenschaft, Wirtschaft und, nicht zu vergessen, der veröffentlichten Meinungsbildung. Leider ist selbst in diesen zu unser aller Weiterentwicklung so unentbehrlichen Kreisen ein Mangel an Vorstellungsfähigkeit zum systemischen Handlungsbedarf für eine Apokalypseabwendung festzustellen. Genau das beklagt auch Luisa Neubauer als Mitsprecherin von Friday for Future gegenüber dem Zeitredakteur Bernd Ulrich, dass für „ Klimagerechtigkeit … eine Art kollektive Unfähigkeit [im Wege steht], sich vorzustellen, dass es [überhaupt] genuin gerechter und besser auf der Welt werden kann. Die politische Realität steht wie eine Wand vor unserer Phantasie. … Das ist bei der Suche für [die jetzt erforderlichen]) systemische[n] Problemlösungen … maximal hinderlich" (Neubauer & Ulrich, 2021, S. 29).

Luise Neubauer beschränkt sich in der zuletzt zitierten Veröffentlichung nicht nur auf ein Beklagen mangelhafter sozialer Fantasie im Kreise verantwortlicher Führungspersönlichkeiten. Vielmehr kritisiert sie auch die bis heute verbreitete Krisenleugnung durch nahezu alle einflussreichen Medien. Letztere „betreibe unter dem Strich eben auch eine Art Krisenleugnung halt nicht durch Worte, sondern – im Falle der Klimaberichterstattung – durch Unterlassung." So habe eine diesbezügliche Recherche von Friday for Future allein für Die Zeit ergeben, dass „diese im Jahr 2015 … Klimawandel ein einziges Mal …, im Jahre 2016 keinmal," und im Jahre 2017 lediglich über Randthemen „auf dem Titel gebracht" habe. Das Beispiel offenbart durchaus stellvertretend die Unterlassungen von nahezu der gesamten überregionale Presse der BRD. Erst durch die aufrüttelnden Weckrufe von Greta Thunberg in 2018 und die ab diesem Jahr die ganze Welt erschütternden und immer mehr auch Deutschland erreichenden Klimakatastrophen veranlassten die Presse, wenngleich überwiegend immer noch oberflächlich, das Thema Klimawandel sogar als Menschheitsherausforderung zu entdecken. Dass bei nicht rechtzeitiger Bewältigung dieser Herausforderung die Zivilisation, wie wir sie kennen, schon in absehbarer Zukunft endgültig scheitern kann, dazu fand in der veröffentlichten Meinung jedoch bis heute so gut wie gar kein öffentlicher Diskurs statt. Karrierebewusste Journalisten und auf Werbekunden Rücksicht nehmende Medienhäuser wollten sich offenkundig keinesfalls dem Vorwurf aussetzen, dass sie eventuell einem Alarmismus Vorschub leisten.

Als Folge dieser Alarmismusphobie verblieb beim Mainstream der heutigen Führungselite eine völlig unterentwickelte Vorstellung darüber, welches apokalyptische Drama ein umweltveranlasstes Zivilisationsscheitern konkret für die Menschheit bedeuten kann. Insoweit zumindest ähnelt unsere heutige, wenigstens in dieser Hinsicht abgedunkelte Bewusstseinslage verblüffend dem vor gut einhundert Jahren die europäische Führungselite so verhängnisvoll beherrschenden „Schlafwandlertum".

Das umweltpolitisches „Schlafwandlertum" nicht nur die Politikermehrzahl umtreibt, sondern auch von einflussreichen Vertretern der veröffentlichten Meinung zumindest bereitwilligst toleriert wird, konnte man eindrucksvoll an der Reaktion von bekannten Medienvertretern zusammen mit Parteiführern auf das Ergebnis der Bundestagswahl vom 26. September 2021 beobachten. Dies war z. B. einen Tag nach der Wahl anhand eines Diskurses zwischen bekannten Journalisten und einflussreichen Parteivertretern von CDU, SPD, Grünen und FDP zu sehen. Letzterer fand in der von Frank Plasberg moderierten ARD-Sendung „Hart aber Fair" statt. Gleich zu Beginn der Sendung formulierte Graf Lambsdorf als FDP-Vertreter Leitsätze für sich und in der Folge auch der Gesamtrunde indem er sagte: „Uns interessiert zunächst und vor allem, mit welcher anderen Partei wir die meisten Schnittstellen innehaben … und das ist eindeutig die CDU." Worauf ihm zunächst entgegengehalten wurde, ob diese Präferenz sogar für eine Partei ohne überzeugenden Plan für die Zukunftsgestaltung und dies mit einem von den meisten Wählern als offensichtlich entscheidungsschwach abgewählten Kanzlerkandi-

daten, nämlich Armin Laschet, gelte? Worauf Lambsdorf sinngemäß antwortete –
und dies setzte sich schließlich in der gesamten Runde wie eine allgemein
akzeptierte Leitmaxime für alle durch: „Entscheidend für unsere Koalitionsent-
scheidungen sind Schnittmengen", um sodann mit eher beiläufiger Betonung als
Nachsatz hinzuzufügen: „Natürlich nimmt die FDP auch Wählervoten [wie z. B. die
für eine entschlossenere Klimapolitik und damit gegen die CDU unter Laschet] zur
Kenntnis". Was ja nach obiger Wortsetzung und Betonung so wie späterem Ge-
sprächsverlauf durchaus so verstanden werden konnte:

a. Jede Partei hat das Recht, ihre eigenen, kurzfristigen Ziele und Interessen allen
   anderen Gemeinschaftsverpflichtungen voranzustellen – auch einem Gesamt-
   votum der Wähler in Sachen existenzieller Sicherheitsinteressen gegenüber, wie
   z. B. dem Kampf gegen die Klimakrise. Dieses Recht sollte von Vertretern der
   veröffentlichen Meinung weder kritisch hinterfragt noch gesondert thematisiert
   zu werden.
b. Was bedeutet: Klientellastige Parteiprogrammfestlegungen dürfen sich durchaus zulasten überlebensnotwendiger, klimapolitischer Richtungsentscheidun-
   gen bei künftigen Koalitionsbildungen unterhalb des Radarschirms von Presse-
   kommentierungen auswirken.
c. Dass es beim Klimaschutz um zivilisatorische Überlebensfragen und nicht um
   eine wie üblich auszuhandelnde Kompromissangelegenheit geht, das schien in
   obiger Diskussionsrunde keiner der beteiligten Politiker noch Journalisten so
   zu sehen.

Die Zögerlichkeit vieler Journalisten und Moderatoren in Sachen eines gemein-
schaftlichen Kampfes gegen die drohende Klimakatastrophe mag auch an einem
Falschverständnis des oft kolportierten Hajo-Friedrichs-Zitat liegen, wonach ein
„Journalist sich mit keiner Sache gemein machen solle, auch nicht mit einer guten". Von einem dadurch in Sachen Klimaschutz fehlgeleiteten Journalistenethos
geht auch Luisa Neubauer aus, die beklagt, dass „journalistisches Pro-Contra-
Mantra dazu geführt hat, dass jahrelang komplett überproportional Klimaleugner
befragt wurden" und dass sich für das Klimathema einsetzende Journalisten als
„aktivistisch" abqualifiziert werden (Neubauer & Ulrich, 2021, S. 60). Es muss
also noch viel geschehen, damit wesentlich mehr der einflussreichen Journalisten
und Fernsehmoderatoren endlich als Inspiratoren und Vorbilder für Klima- und
Umweltschutz eindeutig Stellung beziehen. Ferner wäre es sehr hilfreich, wenn
viel mehr Politiker der so genannten demokratischen Mitte eine überzeugendere
Eigenverantwortung und Initiativbereitschaft für dieses Thema beweisen würden.

Literatur

Binswanger, M. (3. Oktober 2019). Das System funktioniert nur, wenn wir weiter wachsen. *brand eins-Witschaftsmagazin.*

Clark, C. (2013). *Die Schlafwandler: Wie Europa in den Ersten Weltkrieg zog.* DVA.

Franzen, J. (2020). *Wann hören wir auf, uns etwas vorzumachen?* Rowohlt.

Göbel, M. (2020). *Unsere Welt neu denken.* Ullstein.

IPPC. (2021). *Teilbericht 1 vom 09. August 2021.* https://www.umweltbundesamt.de/themen/ipcc-bericht-klimawandel. Zugegriffen am 31.05.2022.

Kagan, R. (6. November 2021). Der gefährlichste Rentner der Welt. *Der Spiegel 45,* 16.

Meadows, D. (1992). *Die neuen grenzen des Wachtums.* Deutsche Verlagsanstalt.

Neckel, S. (Februar 2021). Im Angesicht der Katastrophe-der nahende Zusammenbruch des Erdsystems und die sozial-ökologische Transformation. *Blätter für deutsche und internationale Politik,* S. 52 ff.

Neubauer, L., & Ulrich, B. (2021). *Noch haben wir die Wahl.* Klett-Cotta.

Pfister, R. (4. Dezember 2021). Spiegel-Gespräch mit Francis Fukuyama „Trump hat die Kontrolle über das Monster verloren, das er erschaffen hat". *Der Spiegel 49,* 94 f.

Read, R., & Alexander, S. (2020). *Diese Zivilisation ist gescheitert – Gespräche über die Klimakrise und die Chance eines Neuanfangs.* Meiner.

Renn, O. (2019). *Gefühlte Wahrheiten, Orientierung in Zeiten postfaktischer Verunsicherung.* Barbara Budrich.

Renn, O., & Fichtner, U. (4. Dezember 2021). Geboren für die großen Chancen. *Der Spiegel 52,* 14 ff.

Ricardo, D. (2006). *Über die Grundsätze der Politischen Ökonomie* (Hrsg von Ch. Gehrke, H. Kunz). Metropolis Verlag.

Schellnhuber, K. H. (27. Juni 2020). Wir werden mehr Glück brauchen als wir Verstand haben. *Der Spiegel 27.*

Schloen, B. (2021). *Klimasolidarität durch Grundeinkommen.* oekom.

Schumpeter, J. (2003). Die Theorie der wirtschaftlichen Entwicklung. In J. Backhaus (Hrsg.), *Joseph Alois Schumpeter. The European Heritage in Economics and the Social Sciences* (Bd. 1, S. 5 ff). Springer. https://doi.org/10.1007/0-306-48082-4_2.

Smith, A. (1776). Der Wohlstand der Nationen. In W. Treue und K.-H. Mangold (Hrsg.), *Quellen zur Geschichte der industriellen Revolution* (S. 163). Musterschmidt.

von Hayek, Friedrich A. (2011). *Der Weg zur Knechtschaft.* Duncker & Humblot.

von Weizsäcker, E. U., & Wijkmann, A. (2018). *Club of Rome: Der große Bericht.* Gütersloher Verlagshaus.

Walras, L. (2010). *Elements of Pure Economics or the Theory of Social Wealth Economics.* (Bd. 20). Cambridge University Press.

Welzer, H., & Legewie, C. (2016). *Das Ende der Welt, wie wir sie kannten. Klima, Zukunft und die Chancen der Demokratie.* Fischer.

Welzer, H. (2016). *Das Ende der Welt, wie wir sie kannten.* Fischer.

Technische Transformationen ohne soziale Einbettung

2

Dass die deutsche Elite beherrschende Schlafwandlertum sollte – wie konnte es anders sein – auch den bundesrepublikanischen Wahlkampf vom Sommer 2021 prägen. In diesem zeigte sich keine der konkurrierenden Parteien willens bzw. in der in der Lage, ein für die Masse der potenziellen Wähler verständliche Vision für eine ganzheitliche, klimapolitische Transformation zu vermitteln. Nicht einmal die Umrisse einer solchen Vision wurden im Wahlkampf deutlich. Schon gar nicht durch die AfD und kaum mehr seitens der marktradikalen Vertreter der FDP. Aber auch CDU und SPD taten sich mit der Klimaproblematik mit wenigen Ausnahmen sehr schwer. Lediglich BÜNDNIS 90 DIE GRÜNEN versuchten, mit der Bewerbung von zumindest technischen Transformationen ihrem Anspruch auf klimapolitische Meinungsführerschaft engagierter näher zu kommen. Nur: Dass gerade wirtschaftliche und soziale Reformen die entscheidende Voraussetzung für die nachhaltige Wirksamkeit von technischen Transformationen sind – davon hörte man im Wahlkampf leider auch von Die Grünen – nichts! Was insbesondere an Annalena Baerbock als offensichtlich fehlbesetzter und schon deshalb überforderter Kanzlerkandidatin lag. Das wurde für Insider schon deutlich mit ihrer beharrlichen Abwehr parteiinterner Reformanträge für eine ehrgeizigere Umweltschutzmaßnahmen absichernde Sozialpolitik. Wobei letzteres heißen soll: Weg vom schon verfassungsrechtlich gescheiterten Hartz-IV-System zu einer menschenwürdigeren Sozialgestaltung.[1] Dann aber überschlugen sich nach ihrer offiziellen Kanzlernominierung Presserecherchen und Hiobsbotschaften über

---

[1] Dies begann schon im November 2020 durch ihre prominente Bewerbung eines Hartz-IV-Light-Konzepts, welches sie dem davon nicht überzeugten Parteitag unter dem Namen „Garantiesicherung" zu verkaufen suchte.

Partnerdiskreditierungen, Pflichtversäumnisse und liederliche Plagiatsversuche sowie ihre profilierungsgetriebenen Biografieschönungen zu einem ihre bisherige Vertrauensstellung vergiftenden Cocktail. Nur: Leider war Annalena Baerbrock nicht bereit, dieses ihr persönliches Versagen durch einen unverzügliche und beherzten Kanditatenrücktritt zugunsten des in der Wählergunst weit vor ihr stehenden Robert Habeck wiedergutzumachen. Vor allem auch deshalb wird sie sich im Rückblick späterer Jahre der Frage von Tina Hassel stellen müssen: „Was würden Sie ihrer Enkelin auf deren Vorwurf antworten, dass Sie 2021 einen grünen Kanzler verhindert haben?".[2]

Doch selbst nach diesem für Bündnis 90 Die Grünen desaströsen Wahlkampf spielten die Partei unverändert weiter nach jenem Drehbuch, welches für sie ihr Vordenker Ralf Fücks entworfen hatte. Nämlich für rein machtorientierte Koalitionsbewerbungen zugunsten einer Klimapolitik, die den Leuten nichts zumutet. Eine Politik also, die getragen von der Wirtschaft im Zweifel ohne Bevölkerungsbeteiligung koordiniert und gemanaged wird. Dafür kommen vor allem ein wesentlich energischerer Ausbau von erneuerbarer Energieerzeugung samt industriellen Innovationen für neuartigen Antriebsstoffe und Produktionsprozesse in Betracht. Dies soll notfalls auch ohne soziale Abfederung gelingen, weil dafür schließlich nach dem von Herrn Lindner der Ampel aufgezwungenen Verzicht auf jedwede Steuererhöhungen trotz steigender Verteidigungsanforderungen gar kein finanzieller Spielraum verbleibt. Was zugleich bedeutet: Alles läuft mit Ausnahme einer bündnistreueren Verteidigungspolitik auf ein ordnungs-, sozial- und kulturpolitisches Weiter-so-wie-bisher hinaus. Dies mit allenfalls etwas grünerer Einfärbung als wir sie bisher gewohnt sind. Für all dies ist bezeichnend, dass Olaf Scholz als neuer Bundeskanzler trotz seines bemerkenswerten, sicherheitspolitischen Paradigmawechsels bis jetzt (Stand Mai 2022) darauf verzichtet hat, die Bevölkerung auf ein gemeinschaftliches Zusammenrücken für einen wirtschaftlichen und umweltpolitischen Systemwandel einzuschwören. Diese Unterlassung immerhin würdigte so mancher bekanntere Leitartikler verdient kritisch mit der Anmerkung, dass Scholz seine unter den Tisch gekehrte Bürgereinbeziehung in Zukunft noch auf die Füße fallen werde. Ich fürchte nur: Diese Unterlassung wird letztlich uns allen auf die Füße fallen.

Wir erleben also bisher bei der Ampel ein rein technokratisches Politikverständnis der verantwortlichen Akteure. Ein partizipatorisches und der bürgerlichen Aktivierung dienendes Angebot für einen sozialpolitischen Systemwandel: Absolute Fehlanzeige. Identitätsstiftende Zukunftsziele um für eine nachhaltigere Klimapolitik mehr Zustimmung als bisher zu aktivieren: Nicht erkennbar. Dafür sind dem

---

[2] Tina Hassel im ARD-Sommerinterview mit Annalena Baerbock.

Anschein nach auch die bisherigen Schnittmengen zwischen den drei Ampelparteien viel zu klein. Es wird der Ampelkoalition deshalb kaum etwas anderes übrig bleiben, als in Sachen Umwelt- und Klimapolitik auf die rein technische Planungs- und Verhandlungskompetenz der jeweiligen Ressortleiter ihrer Teams zu setzen. Also auf die Überzeugungs- und Durchschlagskraft ihrer alsbald zu begründenden Energiewende-, Verkehrswende-, Agrarwende- und Bauwendepläne samt gesetzlichen Beschlussvorlagen dazu.

Die Bewertung all dieser Pläne sollte sich auf zweierlei Urteilsgrundlagen konzentrieren. Zum einen auf die Frage: Inwieweit und bis wann sind obige Pläne nach strengen Plausibilitätskriterien geeignet, eine teilweise oder sogar vollständige Klimaneutralität für die BRD herzustellen? Zum anderen auf die damit eng verbundene Frage: Wird die so angestrebte Klimaneutralität sozial abgepuffert erreicht, oder bleibt diese Frage wie bisher aus dem klimapolitischen Diskurs ausgeklammert?

2.1 Ruhigstellung durch Unverbindlichkeit

Klimaneutralität bedeutet, ein Gleichgewicht zwischen Kohlenstoffemissionen und der Aufnahme von Kohlenstoff aus der Atmosphäre in **Kohlenstoffsenken** herzustellen. Begrifflich eindeutig und bewertungsmäßig unbestritten ist dafür allerdings nur der erste Satzteil, nämlich die uns allen inzwischen mehr oder weniger vertrauten CO_2-Emissionen samt sonstigen atmosphärischen Kohlenstofffreisetzungen. Als komplizierter und zunehmend kontroverser erweist sich die Bewertung der Kohlestoffaufnahmemöglichkeiten, insbesondere die nachhaltige Effizienz derselben über die sogenannten Kohlenstoffsenken. Zu den natürlichen Kohlenstoffsenken zählt die Naturwissenschaft derzeit Wälder, Böden, Moore und nicht zuletzt die Ozeane. Letztere, das kann man z. B. am Absterben des Great Barrier Riffs beobachten, können allerdings durch die Aufnahme von atmosphärischem Kohlenstoff versauern. Und dies durch Anreicherungen von höchst giftigen Schwefelsäureverbindungen.Breiten sich letztere in konzentrierterer Dosis zugleich weiträumiger aus, so entstehen immer größere ‚maritime Todeszonen. Aber nicht nur die Ozeane können sich infolge atmosphärischer CO_2-Überbelastungen als höchst unkalkulierbar in ihrer Funktion als natürliche Kohlenstoffsenken erweisen. Vielmehr gilt dies neben Permafrostböden und versteppungsbedrohten Waldformationen nicht zuletzt für landwirtschaftlich kultivierte Moorgebiete. Werden nämlich Moore trockengelegt, so verwandeln sie sich sehr rasch von Kohlenstoffsenken zu CO_2-Emissionshotspots. Der einst in den Mooren gespeicherte Kohlenstoff löst sich im wahrsten Sinne des Wortes in Luft auf. Und dabei gelangt jede Menge

CO_2 in die Atmosphäre. Das macht heute rund 7 % der Treibhausgasemissionen der gesamten BRD aus.[3]

Wegen der zuletzt skizzierten Komplexität versucht die deutsche Klimapolitik Darstellungswege von simplifizierender Art zu gehen. Dafür versucht sie, das Ziel einer national möglichst schnell zu erreichenden Klimaneutralität ausschließlich als Frage technisch bedingter Emissionsverminderungen zu behandeln. Letztere sollen angemessen dazu beitragen, die atmosphärische Anreicherung mit Treibhausgasen wieder auf ein stabiles Gleichgewichtsniveau zurückführen. Dieses sieht man vereinfacht dann als erreicht an, wenn die globale Kohlenstoffkonzentration in der Atmosphäre wieder auf ein als unkritisch angesehenes Niveau von 280 ppm zurückgeführt ist.[4] Über geeignete Rückführungsstrategien besteht diesbezüglich sogar ein weltweiter Grundkonsens. Laut diesem haben zunächst einmal die Hauptverursachungsländer die wesentlichsten Emissionsrückführungen zu leisten. Das betrifft an allererster Stelle China mit rund 30 % Anteil an den globalen CO_2-Emissionen bei allerdings lediglich 6,8 t CO_2-Emissionen pro Kopf seiner Bevölkerung im Jahr 2018. Dagegen emittieren deutsche Bundesbürger 8,4 t CO_2 pro Kopf mit der Folge von globalen CO_2-Emissionsanteilen der BRD von 2 %.[5]

Die bisherigen Analyseergebnisse von Bundesregierung und EU zu obigen Emissionswerten und deren nationaler Beherrschbarkeit dürfte sich für die Mehrzahl der dafür interessierten Bundesbürger als durchaus verwirrend darstellen. So einigten sich im April 2021 EU-Mitglieder und Rat, dass die EU bis 2050 klimaneutral sein soll. Darüber hinaus wurde im Juni 2021 per EU- Parlamentsbeschluss das Emissionsreduktionziel für 2030 von 40 auf 55 % erhöht und das Ziel von

---

[3] „In der Erforschung und Bekämpfung dieses Phänomens bewegt sich die deutsche Politik wie in ihren sonstigen, klimapolitischen Grundsatz- und Detailplanungen nach wie vor weitgehend unbemerkt von der Öffentlichkeit", so Phillip Kollenbroich (2022, S. 126).

[4] In den letzten 650.000 Jahren vor Beginn der industriellen Revolution hat die globale Kohlenstoffkonzentration der Atmosphäre nie mehr als 300 ppm betragen. In den Eiszeiten lag sie sogar noch um 120 ppm niedriger.

[5] Damit belegt die BRD im weltweiten Ranking der Haupt-CO_2-Emittenten den 6. Platz. Erfreulicherweise ist zumindest einer Mehrheit der deutschen Führungselite bewusst, dass die Verantwortung der BRD für die globale Klimaentwicklung nicht mit einem Verweis auf die vorgenannte Verursacherquote von gerade mal 2 % abgetan werden kann. Vielmehr scheint zumindest vielen bewusst zu sein, dass gerade die BRD als EU-weit größtes und weltweit mit am weitesten entwickelte Industrieland eine besondere Vorbildverantwortung zufällt. Wer, wenn nicht die BRD, kann und müsste nicht nur der EU, sondern mit dieser der gesamten Weltgemeinschaft einen Ausweg aus der drohenden Klimakatastrophe weisen; https://www.co2online.de/klima-schuetzen/klimawandel/.

EU- Klimaneutralität für 2050 als rechtsverbindlich erklärt.[6] Kurz danach hat der Bundestag insbesondere aufgrund des klimapolitisch richtungsweisenden Urteils des Bundesverfassungsgerichts vom 29.04.2021 ihr Klimaschutzgesetz im Juni 2021 nochmals verschärft. Danach soll die BRD Klimaneutralität bis zum Jahre 2045 erreichen und ihr Emissionsminderungsziel bis 2030 um 10 % auf mindestens 65 % erhöhen. Doch selbst damit entspricht die (alte) Bundesregierung immer noch keinesfalls den sehr viel ehrgeizigeren Zielempfehlungen des Wuppertal Institut für Klima, Umwelt, Energie vom Oktober 2020. Das Wuppertal Institut erklärte zu diesem Datum auf eine Anfrage von Friday for Future kurz und bündig: *„Das Einhalten der 1,5 Grad Celsius Grenzmarke ist nur dann möglich, wenn Deutschland bis etwa 2035 CO_2 neutral wird. Und dies auch nur dann, wenn die Emissionen schon in den unmittelbar vor uns liegenden Jahren extrem sinken".* Und dann das Fazit: „das Erreichen der *CO_2-Neutralität bis zum Jahre 2035 ist aus technischer und ökonomischer Sicht zwar extrem anspruchsvoll ... grundsätzlich aber möglich"* (Fridays for Future (2021)). Dieser Zielempfehlung entzieht sich ähnlich wie ihre Vorgängerin auch die Ampelkoalition, die eine Klimaneutralität der BRD ebenfalls erst bis 2045 für erreichbar hält. Sie scheint demnach unausgesprochen die 1,5-Grad-Celsius-Grenzmarke des Pariser Klimaabkommens seitens der BRD für nicht mehr realisierbar zu halten. Die Verantwortung für dieses Desaster lastet die Ampel über Robert Habeck der von Angela Merkel bis Ende 2021 geführten Vorgängerregierung an. Habeck eröffnete damit als neuer Superminister eine Art Ouvertüre zur Ankündigung einer geradezu revolutionären Beschleunigung des Ausbaus erneuerbarer Energien. Letztere sollen bis 2030 sensationelle 80 % des für die BRD benötigten Stroms liefern können. Dies durch Ausbau der Windkraftkapazitäten in 8 Jahren um 400 GW. Ferner um Erhöhung der CO_2-Einsparungen bis 2030 um das Dreifache. Dieser von Habeck als „Eröffnungsbilanz Klimaschutz" vorgestellte Ansatz wird von ihm ergänzt durch sein Versprechen, für weitere, umfangreiche Maßnahmen und Gesetzgebungskataloge zu sonstigen Emissionsminderungsanforderungen bis spätestens 2045, die sein Ministerium in zwei Phasen bis Sommer 2022 auf den Weg bringen will, Sorge zu tragen.[7]

---

[6] https://www.europarl.europa.eu/news/de/headlines/society/20190926STO62270/was-versteht-man-unter-klimaneutralitat.

[7] Die zur Klimaneutralität für die BRD bis spätestens 2045 umzusetzenden Emissionsminderungen umfassen insgesamt rund 700 Mio. t CO_2-Äquivalente. Dazu könnten nach jüngsten Studien durch Transformation der Energiewirtschaft bis zu 35 %, durch industrielle Transformationen bis zu 24 %, durch eine Verkehrswende bis zu 20 % und durch Transformationen der Landwirtschaft bis zu 10 % obiger Emissionseinsparziele erreicht werden (Umweltbundesamt, 2022).

Durch obige Abrechnung mit dem merkelschen Unterlassungs- und Einlullungsdesaster, verbunden mit einer pressewirksamen Ankündigung seines Heilungsversuchs via hauseigener Transformationsbeschleunigung hat Habeck zunächst zweierlei erreicht. Zum einen konnte er viele Kritiker innerhalb von Die Grünen bezüglich der umstrittenen Ampelbeschlüsse seiner Partei beschwichtigen. Zum anderen gelang Habeck auch bei anderen Ampelabgeordneten und sogar manchen Journalisten die Anstiftung eines erwartungsoffenen Transformationsdiskurses. Als solchen kann man z. B. den teilweise als Weckruf anmutenden Kommentar von Caroline Emcke in der SZ verstehen (Emcke, 2022, S. 5). Sie fordert, angeregt durch Habecks Klima-Eröffnungsbilanz, eine Änderung unserer „gesamte Lebenswelt, unserer Praktiken und Gewohnheiten … [damit] wir nicht nachträglich bereuen müssen, was zu verhindern gemeinsam möglich gewesen wäre." Insofern sei Robert Habeck abhängig davon, dass alle begreifen, was da auf uns zukommt. Mit seinem „Wir-können-das-schaffen" mag es Habeck zunächst gelungen sein, die auch ihm obliegende, demokratische Begründungslast für seine Transformationsankündigungen fürs Erste implizit zu verschieben. Immerhin lasse die Aussage Habecks erahnen, dass er weiß, dass die von ihm vorgestellte Aufgabe nur gelingt, wenn sie auch Lust macht, daran mitwirken zu wollen. Das aber erfordere laut Emcke, dass sie „kommunikativ inklusiv, politisch partizipativ und sozial solidarisch gestaltet wird … [das wiederum erfordere] Modelle der demokratischen Willensbildung, die mit überprüfbaren, robusten Informationen gespeist werden".

Von einem derartigen Anstiften der von Emcke eingeforderten Mitwirkungslust bei der Bewältigung der gigantischen Transformationsziele ist bisher weder in der BRD noch weltweit etwas zu erkennen. Das aber dürft sich weder Habeck noch der neue Bundeskanzler und auch nicht die Ampel insgesamt noch lange leisten können.

2.2   Wendet Sozialfragen positiv

Wirksamer Klimaschutz gelingt nicht ohne die eine bestimmte „Spürbarkeitsgrenze" übersteigende, verbrauchslenkende Verteuerungen von CO_2-schädlichem Konsum. Fachleute sehen diese Grenze vielfach erst ab € 180 pro t CO_2-Emissionsbelastung als erreicht an.[8] Andere Klimaexperten fordern sogar weit darüber liegende Preissteigerungen für einen CO_2-schädlichen Konsum. Das müsste allerdings sozial verträglich und schon deshalb Schritt für Schritt z. B. über den im Kap. 4 ausführlich geschilderten Zertifikatehandel geschehen. Doch leider wurde obige als bestenfalls mittelfristige Perspektive andiskutierte Preisschwelle bei

---

[8] So auch das Wuppertal Institut in seinem ober zitierten Gutachten (2020).

fossilen Energieträgern durch den Ukrainekrieg urplötzlich und damit sozial unverträglich erreicht bzw. überschritten. Das aber liegt ausschließlich an den von Russland zu verantwortenden Preisexplosionen im fossilen Rohstoffbereich und nicht am EU-Zertifikatehandel. Damit aber sind zunächst alle haushaltspolitischen BRD-Planansätze für Sozialabfederungen wie „Energieumlage" usw. nur noch Makulatur. Geradezu als rührend muten im Rückblick die bis vor Kurzem noch verständlichen Ermahnungen des Sozialdemokraten Mathias Miersch an Robert Habeck an: „Wir dürfen die Menschen nicht so hoch (durch CO_2-Steuern usw.) belasten, dass sie Klimaschutz als Bedrohung empfinden". Um solcherart Bedrohungsängste vorausschauend abzuwenden und die aktuellen Energiepreissteigerungen abzufangen, fehlt es jedoch bisher am politischen Willen, dafür im aktuellen Bundeshalt ausreichende Finanzmittel bereitzustellen.[9] Daran hat sich bis Ende April 2022 wenig geändert.

Dabei kommt es gerade jetzt auf sofort wirksame, sozialpolitische Nothilfen gegen die inflationsgetriebenen Armutsgefährdungen an. Darüber hinaus bedarf es solidarischer Absicherungen und Besserstellungen zur Abwendung von Risiken aus drohenden Umwelt- und Klimakatastrophen. Nur so lässt sich ein resignativer Stimmungswandel abwenden. Denn bereits jetzt erwarten immer mehr Bürger, dass es ihnen und vor allem ihren Kindern in Zukunft schlechter geht als das bisher der Fall ist. Zu diesem Pessimismus tragen nicht zuletzt die jüngsten Preissteigerungen, der Ukrainekrieg und auch die aktuellen Sozialstatistiken bei. Das bestätigen in 2021 veröffentlichte Studien der Bertelsmann Stiftung mit Überschriften und Schlagzeilen wie *Das gebrochene Versprechen der sozialen Marktwirtschaft* und *Deutschlands sozialer Lift ist kaputt*. Und was besonders problematisch erscheint: Das Risiko von sozialem Abstieg wächst überproportional bei den Jüngeren, deren Abstiegsängste mit voranschreitender Digitalisierung samt technischer Transformation ohne einen Strukturbrüche und sicherheitspolitische Risiken ausgleichenden Systemwandel weiterwachsen dürften (Bidder, 2021).

---

[9] Dafür reichen weder die einzusparende EEG-Umlage von € 300 pro durchschnittlichem Haushalt noch die weiteren € 300 an pauschalem „Klimageld" wie auch alle weiteren Wohltaten aus dem geplanten CO_2-Steueraufschlag aus, siehe Der Spiegel Nr. 3, 16.01.22, Seite 36.

Literatur

Bidder, B. (1. Dezember 2021). Die gebrochenen Versprechen der sozialen Marktwirtschaft. Studien der Bertelsmann Stiftung 2021. *Der Spiegel*. https://www.spiegel.de/wirtschaft/soziales/mittelschicht-das-gebrochene-versprechen-der-sozialen-marktwirtschaft-a-db79897f-331c-4358-9fa1-cf7cdb2fbb0e.

Emcke, C. (15. Januar 2022). Kommentar. *Süddeutsche Zeitung 11.*

Kollenbroich, P. (8. Januar 2022). Treibhausgras. *Der Spiegel 2.*

Umweltbundesamt. (2022). *Klimaneutralität: Was wird das kosten?* https://www.dw.com/de/deutschland-klimaneutral-2045-kosten/a-59197085. Zugegriffen im 2022.

Wuppertal Institut. (2020). *Die Machbarkeitsstudie.* https://fridayforfuture.de/die-machbarkeitsstudie-eine-zusammenfassung.

Zeitfensteröffnungen und Zivilisatorische Rettungspakete im Überblick

3

Einleuchtende Begründungen nebst Gesamtplanungen zum was, wie und bis wann eines zivilisationsrettenden Systemwandels zählen laut Einführung zum Hauptanliegen des nachfolgenden Manifests. Die durch dieses eingeforderten Rettungsanstrengungen erfordern wie bereits angedeutet im Kern eine kulturelle wie auch sozial- und wirtschaftssystemische Zeitenwende im tatsächlichen Wortsinne. Und dazu wiederum bedarf es nicht zuletzt der noch rechtzeitigen Gewinnung von Bevölkerungsmehrheiten zur Unterstützung eines solchermaßen zeitenwendenden Politikwandels. Was alles dafür notwendig ist, das sollen die in den Folgekapiteln ausgeführten, strategischen Blaupausen verdeutlichen. Bevor wir uns über diese einen Überblick verschaffen möchte ich zunächst in gebührender Kürze auf die Frage eingehen: Ist es angesichts der sich gerade in jüngster Zeit zusammenbrauenden, geoatmosphärischen und umweltmäßigen Bedrohungslagen und, als ob das nicht bereits genug wäre, der noch hinzukommenden, innen- wie auch weltpolitischen Verwerfungen nicht bereits viel zu spät für jedwede Zivilisationsrettungsversuche?

3.1 Ist Zivilisationsrettung noch möglich?

Von denen, die sich überhaupt mit dem Klimaproblem ernsthaft auseinandersetzen, scheinen zumindest deren Meinungsführer eine Zivilisationsrettung grundsätzlich immer noch für möglich zu halten. Allerdings nimmt offenkundig unter diesen gerade in jüngster Zeit die Zahl derjenigen zu, die an einem noch rechtzeitig erreichbaren Rettungserfolg zu zweifeln beginnen. Dazu dürften insbesondere in den letzten zwei Jahren die apokalyptischen Bilder jener Prozesse beigetragen haben,

B. Schloen, *Zivilisationsrettung jetzt!*, https://doi.org/10.1007/978-3-658-38331-2_3

die laut Klimaforschern schon bald zu sogenannten Kipppunkten führen können. Sie meinen damit kritische Punkte, ab denen klimaerwärmende Prozesse unumkehrbar und selbstverstärkend im Sinne von durch Menschen kaum noch katastrophenmindernd beeinflussbar weiterlaufen.

Aktuell gibt es vier solcher Prozesse, von denen wir noch nicht einmal wissen, ob sie nicht bereits solche Kipppunkte erreicht haben. Bei diesen handelt es sich allen voran um die tauendenden Permafrostböden. Zum anderen um die abschmelzenden Pole. Und schließlich um die Degenerationsprozesse vieler Moore und den zunehmenden Vitalitätsverlusten der (Regen)Wälder sowie viertens die Versauerung einschließlich Plastikvermüllung der Weltmeere.

Zwischen den zuletzt skizzierten Kippelementen bestehen vielseitige Wechselbeziehungen mit gegenseitigen Verstärkungsrisiken. Zu diesen findet man wegen deren Komplexität selbst in den jüngsten IPPC-Berichten kaum Zeitfensterbewertungen.[1] Schon deshalb ist es mangels wissenschaftlich fundierter Prognoseszenarien schwierig, die bis heute verbliebenen Chancen für die Abwendung sich automatisch verstärkender Klimakatastrophen und Zivilisationsrettungschancen valide zu bewerten. Immerhin lassen sich diesbezüglich ohne wissenschaftlichen Anspruch vertrauenswürdige Meinungsführerschaften für folgende Urteilstendenzen erkennen, nämlich das:

- uns für die energische Inangriffnahme der zuletzt skizzierten, kulturellen, sozialen, energie-transformatorischen und nicht zuletzt wirtschaftspolitischen Zeitenwende nur noch ein Fenster von allenfalls zehn Jahren offen steht;
- und zumindest bis dahin der BRD nicht nur als Umsetzungsmotor in der EU sondern sogar weltweit eine verantwortungsvolle Vorbildfunktion zufällt.

Von einigen Aspekten der oben skizzierten Zukunftseinschätzungen schien Annalena Baerbock unbeschadet Ihrer diesbezüglich vielfach dürftigen Wahlkampfaussagen eine zumindest vage Ahnung gehabt zu haben, als sie laut DER SIEGEL vom September 2021 sagte: „Die nächste Bundesregierung ist die letzte, die noch aktiv auf das Klima Einfluss nehmen kann". Nach den bisher enttäuschenden Ampelerfahrungen würde man heute wohl realistischer sagen: „Bestenfalls ist es die der Ampelkoalition nachfolgende Bundesregierung, die, wenn denn überhaupt, noch eine zivilisationsrettende Politik auf den Weg bringen kann".

---

[1] So auch die aufschlussreiche, jüngste Veröffentlichung des Klimaforschers Stefan Rahmstorf, in: bei 3 Grad mehr, (2022), München oekom, Seite 20 ff.

3.2 Partizipatorischer Systemwandel versus Problemverdrängung

3.2.1 Kulturelle Teilhabeabsicherung als zivilisatorischer Rettungsanker

Zumindest dem kritischen Leser mag es als erstaunlich anmuten, wie wenig die bisherige Klimapolitik auf eine Willensaktivierung breiter Bevölkerungskreise abzielte. Vor allem hat die zentrale Bedeutung hoffnungsbegründender Positiverzählungen in dieser keinerlei Beachtung gefunden. Stereotyp findet man in den politischen Programmen lediglich die zwar zutreffenden, aber doch eher phrasenhaft anmutenden Hinweise, dass es auf den gesellschaftlichen Willen mehr noch als auf die technischen Möglichkeiten und Grenzen von CO -mindernden Transformationsmöglichkeiten ankommt. Wie und wodurch aber will man denn konkrete Anreize zur gesellschaftlichen Willensaktivierung setzen? Ich sehe diesbezüglich vor allem drei sich gegenseitig verstärkende Antriebskräfte. Zum einen solche, die auf eine nachhaltige Verbesserungen der eigenen und/oder gesamtgesellschaftlichen Situation gerichtet sind. Zum anderen solche, die die Abwendung existenzieller Verschlechterungen oder sogar Gefährdungen bewirken können. Schließlich solche, die ungeschminkt die apokalyptischen Risiken eines Weiter-so-wie-bisher veranschaulichen. Die zuletzt genannte Art von Antriebskräften wurde bekanntlich seit Jahrzehnten wie oben bereits angedeutet vom IPCC, wenn auch eher defensiv, zu aktivieren versucht. Sie haben aber erst durch Greta Thunberg samt Friday for Future und den Klimakatastrophen der letzten fünf Jahre eine erkennbare, jedoch keinesfalls für eine Apokalypseabwehr hinlängliche irksamkeit entfaltet. Dies liegt nicht zuletzt auch daran, dass Menschen im Allgemeinen nicht gewillt sind, sich ständig mit vornehmlich negativen Botschaften auseinanderzusetzen. Auch deshalb läuft deren Bote in Gefahr, für darin enthaltene negative Inhalte abgestraft zu werden. Wer also mit seiner Klimapolitik beim potenziellen Wähler punkten will, dem bleibt nur die Wahl zwischen „Verharmlosungsstrategie" einerseits und Partizipationsstrategie" andererseits. Erstere ist die einfachste und verführerischste Alternative und bedeutet für die jeweilige Partei, dass diese dem Wähler so wenig wie möglich an umwelt- und klimaorientierten Einschränkungs- sowie Negativbotschaften zumutet. Dies genau war und blieb bis heute bekanntlich der zentrale Problemlösungsweg aller im deutschen Parlament vertretenen Parteien.

Dagegen ermangelt es bisher zumindest deren kursbestimmenden Leitungsorganen offenkundig an sozialer Fantasie, Verantwortlichkeit, Gestaltungsmut und wohl auch fachübergreifender Vordenk- und Koordinationsfähigkeit für die Entwicklung einer „Partizipationsstrategie". Diese erfordert nämlich in Sachen nachhaltiger Klimapolitik zuallererst eine positive Gesamtbotschaft mit konkreten und nachvollziehbaren Planbegründungen. All dies zur Katastrophenabwehr über eine die solidarische Unterstützungsbereitschaft anstiftende Erzählung. Erzählungen solcher Qualität wird es jedoch ohne eine langfristig ausgerichtete und von Herzen veranlagte Umweltverantwortlichkeit auch durch charismatische und kommunikationsbegabte Parteileiter nicht geben. Ein vorrangig nur bis zur nächsten Wahl reichendes achterhaltungsbestreben reicht dafür in keinem Fall aus. Dominiert weiterhin nicht nur in der BRD ein solchermaßen an der kurzfristigen Besitzstandserweiterung klebender Parteienegoismus, dann ist dem eingangs skizzieren, klimapolitischen Schlafwandlermodus auch der aktuell regierenden Ampelkoalition kaum wirksam Einhalt zu gebieten.

Die zuletzt angemahnte, positive Gesamtbotschaft als Grundvoraussetzung für jedwede „Partizipationsstrategie" erfordert in ihrem Kern ein konkretes und glaubwürdiges kulturelles Teilhabe – und solidarisches Abfederungsversprechen für alle zukünftigen Anpassungsherausforderungen. Dieses Versprechen muss substantiell sehr weit über das von Kanzler Scholz im August 2022 lapidar formulierte und eher beiläufig verkündete „you will never walk alone" hinausgehen. Vielmehr bedarf es einer durch den Kanzler verbürgten und mit überzeugender Ernsthaftigkeit per eindringlichem Weckruf herausgestellten Gesamtbotschaft, die ein entscheidendes Momentum für die Anfang 2022 lediglich verkündete Zeitenwende bewirken kann. All das muss aber vorbereitend mit konkreten Umsetzungsstrategien für gesetzgeberische Beschlussanträge zu den nachfolgend ausgeführten Exekutivvollmachten unterlegt werden. Derartige Vollmachterteilungen sollten sich wiederum auf Machbarkeitsstudien stützen, für die im Folgekapitel ausgeführten Strategieblaupausen durchweg als Vorlage dienen könnten. Auf den Punkt gebracht sollten solcher Art partizipatorische Kernbotschaften lauten:

- Wir haben erkannt, dass wir sofort beginnen müssen unser bisheriges Sozial- und Wirtschaftssystem grundlegend um zu wandeln. Nur so können wir solidarisch mit einem auf umweltgerechtes Niveau zurückgeführten Ressourcenverbrauch die immer bedrohlichere Klimakatastrophe noch zivilisationsrettend bewältigen;
- Wir brauchen dazu aber gesetzliche Vollmachten zur Aktivierung und Koordinierung überfälliger Kooperationsanstrengungen im Rahmen von Energie-, Bau-, Verkehrs- und Agrarwende[2] sowie vielem anderen mehr.[3] Das alles hat unter einschneidender Rückführung unserer bisher oftmals marktradikal befeu-

---

[2] Dieses sind im begrifflichen Sinne „Reformpakete", B. Schloen, Klimasolidarität durch Grundeinkaommen – Grundlagen einer zukunftsgerechten Umwelt-und Wirtschaftspolitik, (2021) oekom, Seite 100 ff.

[3] Zu letzterem zählt die Überwindung gerade jener Social Media und Internet – Verwerfungen, wie sie die Whistleblowerin Frances Haugen aufdeckt hat. Siehe dazu Shera Frenkel und Kang, Inside Facebook, (2021), Fischer, Seite 106 ff, ferner B. Schloen, Grundeinkommen durch Klimasolidarität, a. a. O., Seite 105 ff.

erten Umweltausbeutungen zu geschehen. Dazu wollen wir weitere Digitalisierungen kulturverantwortlicher weiter fördern;

- All die genannten Umstrukturierungen samt Produktionseinschränkungen federn wir in jedem Fall für jeden einzelnen Bürger sozialverträglich ab. Dies geschieht durch ein viel engeres soziales Zusammenrücken als wir dies bisher kennen. Letzteres vollziehen wir im Rahmen der unseren Bevollmächtigungsanträgen zu Grunde gelegten Blaupausen für dafür notwendige Umverteilungs-, Transfer-, Steuer- und Sozialreformen.

Die zuletzt angesprochenen Blaupausen werden in den Kapiteln vier und fünf dieses Buches ausführlich dargestellt. Zu deren Schlüsselelementen gehören die nachfolgenden, kulturellen Teilhabegarantien, wie insbesondere deren Kernbotschaften:

1. Jedem Bürger wird ohne Gegenleistungspflicht eine ausreichende kulturelle Teilhabe garantiert;
2. Zur wandlungs-und kaufkraftabsichernden Umsetzung dieses Garantieversprechens erhält jeder erwachsene Bürger ab 25 Jahren beim jetzigen Preisniveauein klimasolidarisches Grundeinkommen von steuerfreien € 1400,-- pro Monat. Für Kinder, Jugendliche und Erwachsene bis zu 25 Jahren bestehen die in den Folgekapiteln ausgeführten Sonderregelungen. Dasselbe gilt für lebenslange Mindestrentenabsicherungen. All dies wird ergänzt durch ein solidarischeres Kranken- und Pflegeversicherungssystem.

Allein schon die an dieser Stelle nur auszugsweise wiedergegebenen Kernversprechen sind geeignet, sowohl den unteren als auch mittleren Einkommensschichten ein zuversichtstiftendes Vertrauen in einen ihre individuelle Weiterentwicklung stützenden, solidarischen Gesellschaftszusammenhalt zu vermitteln. Dadurch können neben einer beträchtlichen Existenzangstminderung erheblich mehr Kreativitätspotentiale als bisher geschehen freigesetzt werden. Zudem kann den in jüngster Zeit stark anwachsenden Vertrauensverlusten in die Funktionalität des demokratischen Systems und den drohenden Weiterauspaltungs- und Zerbröselungstendenzen unserer Gesellschaft viel wirksamer entgegen gewirkt werden. So könnten sich obige Teilhabegarantien, wenn sie denn noch rechtzeitig umgesetzt würden, durchaus als ein erster, zivilisatorischer Rettungsanker erweisen.

3.2.2 Geldwesenreform für Systemwandlungen und „Degrowth"-Abfederungen

Die zuletzt angesprochene Sozialwende über das im folgenden ausführlicher zu erläuternde Klimasolidarische Grundeinkommen bildet für die weiteren, oben skizzierten Reformpakete einen der beiden wesentlichen Problemlösungskerne.

Den zweiten Kern im Sinne eines strategischen Basispfeilers bildet für dieses Manifest die Neuausrichtung unseres dysfunktionalen Geldwesens. Dysfunktional vor allem in dem Sinne, das unser jetzigen Geldwesen für die Bewältigung existentieller Krisen der oben geschilderten Art wenig geeignet ist. Das gilt insbesondere für dessen Defizite in Sachen einer gleichgewichtigen Sicherstellung von Geldwertstabilität, verschuldungsfreier Defizitfinanzierung unseres Staatswesens sowie einer zielgenauen Liquiditätsausstattung der klima- und umweltpolitisch notwendigen Umstrukturierungen systemrelevanter Unternehmensbereiche. Letzteres wurde ja in der Einführung bereits geschildert. Leider hat die Zunft der Finanzwissenschaftler bis auf die sogleich benannten Ausnahmen bisher wenig umsatzreife Erkenntnisse zur zuletzt angesprochenen Problematik beigetragen. Die meisten Wirtschaftswissenschaftler scheuen offensichtlich unverändert eine ergebnisoffene Erkundung und ehrliche Benennungen der tieferen Ursachen von Klimakrise. Sie verweigern zudem die Erforschung und Publizierung der zur Ursachenbekämpfung geeigneten Instrumente. Ebenso verschweigen sie genauso wie das Gros der Wirtschaftsredakteure in unverantwortlicher Weise den in obigen Ausführungen erläuterten und für alle Wirtschaftskundige offensichtlichen Problemlösungsbedarf.

Das zuletzt umrissene Verschweiger- und Realitätsverdrängerkartell beginnen jüngst auch bekanntere Wirtschaftsjournalisten über jene Zeitungen zu verlassen, die nicht von offensichtlich überwiegend gewinnorientierten und dadurch in diesen Fragen strukturkonservativen Verlegern geführt werden. So z. B., wenn auch noch sehr zurückhaltend, Bernd Ulrich in DIE ZEIT, in der er hinterfragt: „Kann unsere Demokratie mit den multiplen Krisen, allen voran mit Krieg und Klimakrise, unter dem gegebenen Zeitdruck … fertig werden?" Und gibt darauf eine doch eher irritierend naiv anmutende Spontanantwort: „Wenn sich alle einig sind, das es mit dem gewohnten Wohlstand so nicht weitergeht, und die Klimawende mit den üblichen Mitteln nicht gelingen kann, bräuchte es eigentlich eines parteiübergreifenden Konsens (über wirksamere Problemlösungen)".[4] Nur: Es dürfte es nach allen bisherigen Erfahrungen niemals zu einem parteiübergreifenden Konsens sondern im besten Fall zu heftigen Richtungskämpfen über das Was und Wie von geeigneten Problemlösungen zur vorgenannten Problematik kommen. Sehr viel grundsätzlicher, provokanter und auch mit einer viel langfristigeren Perspektive als Bernd Ulrich geht wie schon in der Einführung angedeutet Ulrike Herrmann das Thema

---

[4] Das Ministerium, in: DIE ZEIT Nr. 40 vom 29.09.22, Seite 21f, wonach der Autor am Schluss seines Artikels bewundert, das „an der Spitze des (Wirtschafts-)Ministeriums … ökologisch bewegte Menschen arbeiten … denen ganz und gar nicht egal ist, ob die Klimaziele verfehlt werden". Die Sätze sagen wie: „Bei der Klimakrise geht es nur noch um schlimm, schlimmer oder ganz schlimm. Also tun wie alles, das es nicht schlimmer wird".

Problemlösungswege aus der Klimakrise an. Sie entzaubert dabei nicht nur das insbesondere seitens DIE GRÜNEN beschworene Mantra vom „Grünen Wachstum". Vielmehr spricht sie in ihrem Buch „Das Ende des Kapitalismus" auch von einem „Versagen der Ökonomen"[5] und führt dafür als Antithese zu neoliberalen Wirtschaftswissenschaftlern durchaus einleuchtende Argumente an. Diese sollten auch dem ansonsten scharfsinnig argumentierenden Leiter des IfO – Instituts, Professor Dirk Fust, zu denken geben. Führt doch letzterer selbst noch in seinem 2021 erschienen Buch „Ein neuer Weg aus der Klimakrise" Problemlösungen ohne jedwede Berücksichtigung eines klimasolidarischen Systemwandels als für ihn hinreichend aus (Fust 2021, S. 57 ff.). So soll nach Fust allein ein weltweit marktgesteuerter Zertifikatehandel alle globalen Klimaprobleme ohne nachvollziehbare Sicherstellungen für unaufschiebbare Ressourcenschonungen zuverlässig lösen können. Dafür, so sein Systemwandelvorschlag, soll ein weltweit autorisiertes Präsidium die alleinige Steuerungsverantwortung übernehmen. Was ja, falls sich ein solchermaßen autorisiertes Präsidium denn noch rechtzeitig global etablieren ließe, für eine weiterhin global wachsende Wirtschaft ein hilfreicher Vorschlag sein mag. Nur, und da hat Ulrike Herrmann neben vielen anderen die überzeugendsten Argumente mit der Kernthese auf ihrer Seite: Die globale Wirtschaft darf zwecks Klimakrisenbewältigung, am besten schon ab heute, in gar keinem Fall noch weiter wachsen.

Aus der zuletzt nochmals hervorgehobenen Erkenntnissicht zurück zur oben schon von mir behaupteten Notwendigkeit der Neujustierung unseres als dysfunktional bezeichneten Geldwesens. Dazu möchte ich mich, auch was diesbezügliche Problemlösungen betrifft, auf das Notwendigste beschränken. Besonders daran interessierte Leser mögen deshalb die Darlegungen zu den nachfolgenden Kernthesen z. B. bei der US-Professorin Staphanie Kelton oder dem deutschen Wirtschaftsredakteur Daniel Stelter nachlesen.[6] Zunächst meine diesbezügliche Ausgangsthese vorab.: Reformen für eine umwelt und zugleich sozialgerechte Geldpolitik sollten weniger an geldtheoretische Dogmen als an die von der FED wie auch EZB in den letzten Jahrzehnten erfolgreich praktizierten Geldschöpfungsgrundsätze anknüpfen. Diese wurden von US-Ökonomen zu einer allen Finanzwissenschaftlern seit

---

[5] Das Ende des Kapitalismus-warum Wachstum und Klimaschutz nicht vereinbar sind, Kiepenheuer & Witsch (2022) Seite 229 ff.

[6] S. Kelton, Moderne Geldtheorie, Geld ist zum Schöpfen da, in: Süddeutsche Zeitung 16.12.2018, Ein Gespräch mit Claus Hulverscheidt über „Denkfehler von Politikern und den wahren Sinn von Steuern". Ferner: D. Stelter, Coronomoics, Neustart aus der Krise, in: Die Deutsche Wirtschaft vom 04.07.2020; https//die-deutsche-wirtschaft.de/coronomics/ferner auch: B. Schloen, Klimasolidarität durch Grundeinkommen, (2021) oekom, Seite 95 ff.

langem bekannten **Modern Monetary Theory (MMT)** weiter entwickelt, deren Kernaussagen lauten:

- Der Staat kann unter bestimmten Voraussetzungen seine **Haushaltsdefizite** durchaus **ohne zusätzliche Schuldenaufnahmen finanzieren;**
- Er kann dies nämlich durch so genannte **Giralgeldschöpfungen darstellen.**[7]
- Und so die durchgängige MMT-Auffassung: Solange die Gefahr des Unterschreitens eines angestrebten Beschäftigungsniveaus besteht, kann der Staat jederzeit so viel an Haushaltsdefiziten allein durch Giralgeldschöpfung ausgleichen, wie dies zur notwendigen Wirtschaftsbelebung erforderlich ist.

Kenner der wirtschaftswissenschaftlichen Community dürfte es nicht überraschen, das sich die meisten europäischen Wirtschaftswissenschaftler aber auch viele US-Ökonomen eher reserviert zu den zuletzt zitierten MMT-Grundsätzen verhalten. Viele dieser MMT-Skeptiker – und diese machen insbesondere in Deutschland nach meinem Urteil den finanzwissenschaftlichen Mainstream aus – scheinen in einer wiederholten, defizitausgleichenden Giralgeldschöpfung die Gefahr eines sich dadurch öffnendes Tores zu schwer beherrschbaren Inflationsgefahren zu vermuten. Solchen durchaus verständlichen Befürchtungen sollten deshalb MMT-Unterstützer versuchen, mit einer genauso einfachen wie einschneidenden Reform unseres Geldwesens ab zu helfen. Nämlich der Umwandlung unseres überwiegend marktwirtschaftlich gesteuerten Geldschöpfungssystems in eine ausschließlich demokratisch kontrollierte Geldmengen- wie auch Neuverschuldungssteuerung. Was konkret dadurch erreicht werden sollte, das:

- Künftig nur noch Zentralbanken das Recht behalten, die bisher nahezu ausschließlich von Privatbanken vollzogene, neukreditgewährende Giralgeldschöpfung zu vollziehen.
- Was bedeutet: Die bisher nahezu ausschließlich privatrechtliche Giralgeldschöpfung entweder unmittelbar oder mittelbar durch eine öffentlich-rechtliche Giralgeldschöpfung zu ersetzen.
- Wozu man wissen muss, das neukreditgewährende Giralgeldschöpfungen per Summe ein Vielfaches des Volumens ausmachen, das jedenfalls bisher über eine defizitausgleichende Giralgeldschöpfung überhaupt in Frage kam.

---

[7] Giralgeldschöpfung bedeutet in der Fachsprache eine Erhöhung der Geldmenge einer gesamte Volkswirtschaft durch so genanntes Buchgeld. Laienhaft nennt man dies vereinfacht aber auch eher irreführend „Gelddrucken". Zutreffender ist die Beschreibung als „Geldschaffen aus dem Nichts".

- Weshalb über eine öffentlich-rechtliche Kontrolle von neukreditgewährenden Giralgeldschöpfungen sich jedwede Inflationsrisiken aus defizitausgleichender Giralgeldschöpfung sehr wirksam und zudem sogar nach Branchen differenziert beherrschen bzw. ausschalten lassen.

An dieser Stelle dürften viele Leser fragen: Ja, wenn das alles so einfach wie oben dargestellt ist, warum wurde dies dann bisher nicht schon so umgesetzt? Warum hat man denn bisher überhaupt dem privaten Bankensektor in einer demokratisch nur schwer beeinflussbaren Weise die Berechtigung zur neukreditgewährenden Giralgeldschöpfung überlassen? Die Antworten lauten: Zum einen, weil sowohl Wirtschaftswissenschaft wie – politik ihre oben geschilderten Marktgläubigkeit, hier speziell ihrer Geldmarktgläubigkeit, nicht zu überwinden vermochten. Zum anderen aber aus ernst zu nehmenden, finanztechnischen Gründen: Nämlich der Problematik, das eine unmittelbare, öffentlich – rechtliche, kreditgewährende Giralgeldschöpfung die Erfahrungs-, Management- und Verwaltungspotentiale unserer Zentralbank(en) bei weitem überfordern würde. Allein in der BRD werden bisher jährlich Millionen von Neukrediten beantragt. Für deren qualifizierte und rasche Bearbeitung bedarf es schon einer Vielzahl von wirtschaftserfahrenen Sparkassen, Kreditgenossenschaften und nicht zuletzt Privatbanken. Was an zusätzlichen Gesetzesregulierungen erfordert, das:

- Die zur Absicherung von Geldwertstabilität notwendige, öffentlich-rechtliche Kontrolle von neukreditgewährenden Giralgeldschöpfungen sollte keinesfalls über Zentralbanken direkt sondern nur indirekt geschehen.
- Es sollte dies wie bisher üblich weiterhin über Kreditinstitute erfolgen, sofern und soweit ihnen dies die Zentralbank ausdrücklich genehmigt.
- Über dies Genehmigungsrecht können Neukreditvergaben jederzeit für Kreditinstitute zumindest temporär als unzulässig verfügt und/oder branchenweise, unternehmensbezogen bzw. über Lieferketten- wie auch Kontingentauflagen und ähnlichem mehr eingeschränkt werden.
- Wobei Gesetzgeber und/oder Exekutive den Zentralbanken für die Ausübung solch weitreichender Eingriffsrechte Vorgaben, z. B. das Überschreiten von bestimmten Inflationsraten oder von zu großen Auslandsabhängigkeiten gewisser Branchen und vieles mehr, auferlegen kann und auch sollte.

Die zuletzt skizzierten Abhilfevorschläge enthalten Elemente des nach der Finanzkrise 2008 verstärkt eingeforderten, so genannten „Vollgeld-Konzepts". Diese wurde schon Jahrzehnte vorher in Anlehnung an die schon Enden der 1920er-Jahren von dem bekannten US-Nationalökonom Irving Fischer geforderten Reform unseres Geldwesens eingefordert. Nur sind die Fischerschen Systemwandelvorschläge für die Erreichung der hier allein angestrebten, neuverschuldungsfreien Finanzierung von staatlichen Haushaltsdefiziten, viel zu bürokratielastig.[8] Dagegen lassen sich obige Vorschläge unbürokratisch sowie mit wenigen Gesetzesänderungen sofort in Vollzug setzen.

Manche Leser werden nun weiterhin fragen: Warum sind denn überhaupt die bisher vorgeschlagenen Geldwesenreformen für einen zivilisationsrettenden Systemwandel so wichtig? Darauf so kurz wie möglich: Weil nur mit diesen Reformen eine gezielte Steuerung unserer Gesamtwirtschaft in Richtung einer klimaneutralen Struktur mit einem für diese Struktur gewünschten Auslastungsniveau auch ohne jedwede Inflations- sowie Neuverschuldungsgefahren überhaupt möglich ist. Was mit anderen Worten bedeutet:

- Die Wirtschaft lässt sich über obige Neuregelungen beliebig, wenn auch nur in Schritten, sowohl in Richtung von staatlich koordinierter Kooperation für gewollte Transformationsbeschleunigungen wie auch in Richtung Schrumpfung von als entbehrlich oder als nicht mehr gesellschaftlich gewünschten Unternehmensbereichen steuern;
- Diese Steuerung kann sogar technologie- bzw. nachhaltigkeitsabhängig geschehen. Zum Beispiel, indem Unternehmen für erneuerbare Energien wie Windkraft- und Solaranlagenhersteller bevorzugt und zu sehr günstigen Konditionen jedwede Kreditvolumina ggf. mit weiteren Investitionshilfen ergänzt erhalten. Dasselbe kann für Anlagenbauer und weiteren Unternehmen im Bereich der Wasserstoffherstellung geschehen. Ferner für alle der Bau-, Verkehrs- und Agrarwende dienenden Unternehmensbereiche.
- Auf der anderen Seite sollten besonders umweltbelastende Unternehmensbereiche wie z. B. bestimmte Insekten- und Pflanzengifthersteller sowie nicht recycelbare Verpackungen herstellende Chemiefirmen überhaupt keine Neukredite mehr erhalten. Dasselbe gilt für Firmen mit besonders umweltschädlichen weil z. B. CO_2-emittierenden Produktionsverfahren.

Als ‚Zwischenresume' möchte ich zu all dem an dieser Stelle betonen, dass die in diesem Kapitel umrissenen bzw. erläuterten Basispfeiler ein Vielfaches der bisher erreichten, sozialen, wirtschaftlichen und ökologischen Resilienz für die BRD und über diese hinaus für die gesamte EU ermöglichen würden, sofern man denn noch rechtzeitig den politischen Willen zu ihrer Umsetzung entwickeln könnte. Wie dies im Einzelnen und nach welchen Blaupausen zielgenau in dem für uns noch offenen Zeitfenster geschehen kann, das mögen die jetzt nachfolgenden Kapitel verdeutlichen.

---

[8]Zur Umsetzung des Vollgeld-Konzept nach Irving Fischer siehe ausführlich Th. Mayer, R. Huber, VOLLGELD, Wege aus der Finanzkrise, (2014) Tectum Verlag, Seite 13 ff.

Wodurch wirkt Grundeinkommen klimasolidarisch?

4

Zur Überwindung der zunehmenden Gesellschaftsspaltungen wie auch zur Gewinnung breiterer Unterstützerkreise für zivilisationsrettende Systemveränderungen bedarf es zuallererst eines klimasolidarischen Grundeinkommens (KSG). Letzteres bildet den im Vorkapitel erläuterten Geldwesenreformen sowohl das Fundament als auch den eigentlichen Schwerpunkt dieses Rettungsmanifests.

4.1 Begriffliche Besonderheiten bei Einhaltung wesentlicher BGE-Standards

Zur Vermeidung möglicher Missverständnisse möchte ich schon vorab darauf hinweisen, dass mit dem Wort „Klimasolidarität" in diesem Manifest vor allem eine bestimmte Art von Rechtskultur und systemische Neuausrichtung gemeint ist. Viele verstehen ja unter Solidarität eher eine besondere Empathiebefähigung einzelner Persönlichkeiten, also in erster Linie zumindest teilweise altruistische Charaktere. Wenn man es so sehen will, wären es die Repräsentanten eines zumindest tendenziell göttlich inspirierten Gegenpols zu den eher diabolisch angekränkelten Vertretern des oben geschilderten marktmythologischen Wachstumszwangs. Auf genügend Vertreter eines so inspirierten Gegenpols sind wir für die Bewältigung der Klimakrise selbstredend auch angewiesen. Aber im Kern setze ich im Folgenden weit weniger anspruchsvolle Maßstäbe voraus. Vielmehr soll mit Klimasolidarität vor allem ein Rechtsanspruch jedes Einzelnen an die Gesellschaft bezeichnet werden – manches noch mehr, aber keinesfalls weniger. Ein dergestalt idealer Kern entstammt der großen Französischen Revolution mit deren Forderung nach Brüderlichkeit im Gleichklang mit Freiheit und Gleichheit(vor dem Gesetz). Ersteres setzte schon der Sozialist

Pierre Leroux mit Solidarität im obigen Sinne gleich, indem er diese als den „Anspruch auf die Sicherung der Existenz jedes Einzelnen durch die Gemeinschaft" definierte (s. Bayertz, 2019, S. 38 ff.). Für Leroux bedeutet Solidarität also Gesellschaftssolidarität. Auch im Folgenden meine ich mit Klimasolidarität stets auch eine bestimmte Ausprägung von Gesellschaftssolidarität.

Die Verbindung von Klimasolidarität und Grundeinkommen vollziehe ich zunächst durch Rückgriff auf meine bisherigen Veröffentlichungen zum sogenannten bedingungslosen Grundeinkommen (BGE). In diesen habe ich das BGE in Übereinstimmung mit dessen Meinungsführerschaft noch undifferenziert als System pauschalierter Zuwendung bezeinet, das grundsätzlich „ohne Bedürftigkeitsprüfung auskommt". Das würde ich mit Bezug auf das KSG keinesfalls mehr so und missverständlich ausdrücken. Vielmehr würde und werde ich nachfolgend für das KSG stets betonen da, das es voll umfänglich o h n e eine v o r h e r i g e (!) Bedürftigkeitsprüfung auskommt. Ansonsten stimmen KSG und BGE bezüglichen dessen wichtigste Standards vollständig überein. Insbesondere ist das KSG genauso wie jedwedes BGE auch stets und zuallererst diskreditierungsfrei aus zu führen. Das erfordert in jedem Fall ein vollständig anonymisiertes Zuwendungssystem. Zuwendungsempfänger dürfen danach ganz anders als beim Hartz IV-System in keinem Fall identifizierbar sein. Derartiges aber gelingt nur über ein zumindest bei Durchführungsbeginn pauschalierendes Transfersystem. Die Zuwendungspauschalen müssen danach – wenngleich durchaus altersgestuft – für alle Empfänger zumindest bei Zuwendungsausführung gleich hoch sein. Als Zuwendungsvorauszahlungen geschehen danach beim KSG Transferzahlungen nach dem „Gießkannenprinzip".

Ein „Gießkannenprinzip" verträgt sich grundsätzlich aber nicht mit einem solidarisches Sozialsystem. Letzteres setzt ja zumindest voraus, dass nur solche Personen Zuwendungen in dies in einer Höhe erhalten, wie sie diese auch tatsächlich benötigen. Genau das soll über das KSG zwar nicht sofort, sondern im Endeffekt erreicht werden. Ein KSG muss demnach insgemst sowohl stigmatisierungsfrei als auch solidarisch strukturiert umgesetzt werden.

Eine solcherart diskreditierungsfreie wie auch solidarische Grundsicherung kann entweder über das im nächsten Abschnitt erläuterte System aus pauschalierten Vorauszahlungen bei nachträglicher Wegbesteuerung sämtlicher bedarfsübersteigender Zuwendungen erreicht werden. Oder aber es geschieht über das seit langem bekannte, von dem Nobelpreisträger Milton Friedman vorgeschlagene System einer „negativen Einkommensteuer". Letzteres ist grundsätzlich genauso einfach wie genial. Es funktioniert nach dem Prinzip, dass der Fiskus über eine theoretisch höchst einfach erscheinende Umstellung der Einkommensbesteuerung das zuletzt geforderte bedarfsgerechte Grundeinkommen darstellen soll. Das Hauptproblem dieses Vorschlags liegt jedoch schon in seiner irritierenden Benennung. Welcher Normalbürger vermag denn zu verstehen, dass das so vielversprechend anmutende BGE dasselbe sein soll wie eine „negative Einkommenssteuer"? Wieso ist ein BGE „negativ"? Zum anderen beinhaltet dieses Konzept gerade für Finanzbehörden viele rein technisch nicht ohne weiteres lösbare Umsetzungsprobleme, die an dieser Stelle aber nicht weiter vertieft werden sollen.

Leider ist die von Friedman vorgestellte BGE-Variante eines sowohl diskreditierungsfreien wie auch bedarfsgerechten Grundeinkommens von seiner grundsätzlichen Bedeutung her von vielen ihm nachfolgenden BGE-Befürwortern nicht verstanden oder schlicht als Problemlösungsnotwendigkeit übersehen worden. So glaubt anscheinend auch in der BRD sogar eine Mehrzahl von BGE-Unterstützern, dass dieses keinesfalls bedarfsgerecht sein muss, sondern durchaus ohne jedwede Bedarfsberücksichtigung auskommen kann. Ein solches BGE ist jedoch in substanziell ausreichender Höhe weder solidarisch noch überhaupt finanzierbar. Das haben auch viele BGE-Kritiker zu Recht klar erkannt, zuletzt besonders öffentlichkeitswirksam der Sachverständigenrat des Bundesfinanzministeriums in seinem Gutachten vom Dezember 2021. Darin attestiert er den sich auf reine Einkommensteuerfinanzierung beschränkenden und jedwede Bedürfnisprüfung vernachlässigenden BGE-Modellentwicklern, dass für „deren existenzsicherndes BGE ... selbst bei Grenzsteuersätzen von 90 % und mehr ... eine ... Gegenfinanzierung nicht mehr möglich ist". Was im Klartext bedeutet: Ein BGE mag theoretisch ja vielversprechend erscheinen. Aber leider ist es schlicht nicht finanzierbar, worauf sich die BGE-Community einem differenzierenden Diskurs auch gegen dieses vernichtende Urteil bisher weitestgehend verweigerte. Deshalb habe ich die nachfolgend vorgestellte Architektur auch nicht mehr BGE genannt, sondern bewusst als KSG neu definiert. Das Wort KSG steht danach für ein individuelles, solidarisches und dementsprechend bedarfsgerechtes Grundeinkommen. Das KSG ist folglich ein BGE besonderer Art mit im Gegensatz zu Letzterem abschließend definierten Prinzipien und Solidaritäts-Standards.

4.2 KSG – Sonderstellungsmerkmale als durchgängig solidarische BGE-Variante

Die zuletzt angedeuteten Standards der KSG-Architektur umfassen auch deren ganzheitliche Eingliederung in eine zukunftsgerechte Umwelt- und Wirtschaftspolitik. Davon vor allem beinhalten sie zugleich die aktuell immer eindringlicher geforderte, sozial wirksame Abfederung sowohl notwendiger CO_2-Verbrauchslenkungen wie zudem auch kriegsbedingten Verteuerungen fossiler Energieträger. KSG-Umsetzungen erfordern und ermöglichen auch deshalb eine zukunftsgerechte Klima- und Gesellschaftssolidarität im besten Sinne.

Der eigentliche Clou des KSG-Systems liegt aber in dem bereits angedeuteten Zusammenwirken von zwei Systemteilen: Nämlich einer neu einzurichtenden

Bundeskasse als Organ für die Vorauszahlung von Zuwendungspauschalen und zum anderen den von dieser Bundeskasse völlig unabhängig weiterarbeitenden Finanzbehörden (Fiskus genannt). Die Finanzbehörden mit ihrem seit Jahrzehnten für soziale Differenzierungen bestens ausgebildetem Personal haben im Nachhinein im Rahmen einer reformierten, ansonsten aber wie bisher üblichen Einkommensteuerveranlagung für eine bedarfsgerechte Individualisierung der Vorauszahlungspauschalen zu sorgen.

Bevor ich die Art und Weise des Zusammenwirkens von Bundeskasse einerseits und Finanzbehörden andererseits vertiefend darstelle, möchte ich vorab nochmals die Bedeutung des sowohl nach BGE wie auch gemäß KSG strikt umzusetzenden Standards der Diskreditierungsfreiheit betonen. Diskreditierungsfrei kann ein Sozialsystem ja nur dann wirken, wenn niemand Kenntnis davon erlangen kann, welche Personen über dessen Transferzahlungen unterstützt werden. Vereinfacht gesagt: Die jeweils durch das Transfersystem Unterstützten dürfen niemals persönlich als Zuwendungsempfänger bzw. „Unterstützte" identifizierbar sein. Das funktioniert beim BGE und damit genauso beim KSG deshalb so hervorragend, weil alle zuwendungsberechtigten Bundesbürger in altersgestufter Weise identische (Voraus)Zahlungen erhalten. Zwischen den einzelnen Bürgern entsteht dadurch nach außen keinerlei Unterscheidbarkeit. Niemand kann sowohl beim BGE als auch beim KSG ebenso wie von vielen Hartz IV-Empfängern so leidvoll erfahren als „Hartzer" diskreditiert und dadurch sozial ausgegrenzt werden, was im Übrigen leider auch für das durch die Ampelkoalition beschlossene Bürgergeld der Fall ist. Denn auch Bürgergeldempfänger bleiben systembedingt als bedürftig und dementsprechend sozial weniger leistungsfähig als die Bevölkerungsmehrheit identifizierbar und diskreditierbar.

Damit die zuletzt nochmals herausgestellte Diskreditierungsfreiheit zugleich zu einer durchgehend solidarischen Unterstützung führt, bedarf es der bedarfsgerechten Individualisierung aller Zuwendungsvorauszahlungen. Dies geschieht in einem Folgeschritt (ex-post-Phase) für die Vorauszahlungen durch die Finanzbehörden. Ihnen wird durch die nachfolgend beschriebenen Steuerreformen die eigentliche Verantwortung für die Umsetzung der Sozialstandards des KSG anvertraut. Wie dies im Einzelnen zu geschehen hat, das wird in den Folgeabschnitten ausführlich erläutert.

4.3 Wer, wie viel und unter welchen Bedingungen

Das KSG-System wird erst dann zu einem klimasolidarischen Grundpfeiler, wenn es zum einen die vorstehend angedeuteten und vor allem in den Folgeabschnitten definierten Standards erfüllt. Zum anderen auch dadurch, indem es durch seine Höhe eine ausreichende kulturelle Teilhabe für alle Begünstigten ermöglicht. Letzteres ist wiederum nur dann gegeben, wenn diese Teilhabe auch unter Anrechnung der bereits geschilderten Erhöhungen von klima- und umweltschonenden Konsumbelastungen erhalten bleibt.

Für all dies soll eine klimasolidarische Zuwendungsberechtigung nur solchen in der BRD ansässigen Personen zuerkannt werden, die

- mit ihrem ersten Wohnsitz in der BRD gemeldet sind und
- ihren Wohnsitz und gewöhnlichen Aufenthalt nachweislich mindestens ein Jahr vor Zuwendungsgewährung in Deutschland hatten und voraussichtlich auch für die nächsten Jahre dort behalten werden.

Nach diesem Anforderungsprofil ermittle ich rund 80 Mio. Personen, die insgesamt für Zuwendungen in Betracht zu ziehen sind. Diesen Wert habe ich von den 83,16 Mio. laut amtlicher Statistik ausgewiesenen „Bevölkerungszahl in Deutschland" zum Ende des Jahres 2020 abgeleitet (Altersstruktur der Bevölkerung in Deutschland 2020 – Statista, 2021). In meine Ermittlung habe ich nur diejenigen in der BRD als wohnhaft gemeldeten Ausländer einbezogen, die vor KSG-Gewährung mindesten ein Jahr ihren ersten Wohnsitz und gewöhnlichen Aufenthalt in Deutschland hatten bzw. dieses auch für die weitere Zukunft glaubhaft nachweisen können. Letzteres dürfte nach meiner Schätzung für etwa 30 % der 10,32 Mio. in der BRD lebenden Ausländer nicht zutreffen. Danach verbleiben 80 Mio. an zuwendungsberechtigten Personen für ein Klimasolidarisches Grundeinkommen.

Die insgesamt 80 Mio. an Zuwendungsberechtigten gruppiere ich in Jung- und Vollempfänger, Kinder, Auszubildende sowie Rentenaufstocker. Vollempfänger erhalten vorab unabhängig von ihrem Familienstand € 1400 pro Monat an steuerfreier Pauschalzuwendung. Zusätzlich erhalten Alleinerziehende aus dieser Gruppe antragsbedingt einen steuerfreien Zuschlag von € 200 pro Monat. Die Gruppe der Vollempfänger umfasst Personen, die älter als 25 und jünger als 68 Jahre sind. Dagegen zählen Personen vom 21. bis zum 25. Lebensjahr mit steuerfreien Zuwendungsansprüchen von € 1100 pro Monat zu den Jungempfängern. Personen vom 17. bis 20. Lebensjahr werden als Auszubildende mit € 850 pro Monat steuerfrei unterstützt. Verbleiben noch die nach demselben Verfahren gesondert zu unterstützenden Kinder vom 1. bis einschließlich 16. Lebensjahr. Von diesen erhalten die Ein- bis Sechsjährigen € 500 pro Monat. Die 7- bis 12-Jährigen € 600- und die 13- bis 16-Jährigen € 700 an monatlicher Grundsicherung. Dagegen erhalten alle über 67-jährigen Zuwendungsberechtigten eine Rentenabgeltungszahlung von € 1000 pro Monat. Bei weniger als € 500 an monatlichen Renten- oder Pensionseinkünften werden darüber hinaus bis zu € 400 pro Monat antragsbedingt bis zur Gewährleistung einer Mindestalterssicherung von steuerfreien € 1400 pro Monat zugewendet. Diese Rentenabgeltungen zählen formal nicht als Grundsicherungszahlung. Vielmehr sollen sie rechtlich, wie der Name schon sagt, als besitzstandswahrende Kompensation für die nach den Folgeausführungen entfallenden Bundeszuschüssen an die staatlichen Rentenversicherungen gewertet werden.

Für die Ermittlung der Zuwendungshöhe pro Vollempfänger habe ich als Ausgangsbasis die aktuellen Regelsatzberechnungen von Bündnis 90–Die Grünen (https://www.gruene-bundestag.de/files/beschluesse/beschluss-regelsaetze.pdf) berücksichtigt. Sodann habe ich mich an diesbezüglichen Analysen von R. Blaschke (2021) für meine klimasolidarischen Bedarfsschätzungen orientiert. Dagegen habe ich die durchschnittlichen Unterhaltskosten für Kinder direkt den amtlichen Statistiken entnommen. So für die vorgenannten Altersgruppen dazu veröffentlichte Statistiken wie https://www.destatis.de/DE/Presse/Pressemitteilungen/Zahl-der-Woche/ sowie https://www.finanztip.de/duesseldorfer-tabelle/.

Für die aus der Statistik übernommenen Kinderzuwendungen habe ich mich an Regelungen für heutige Familienversicherungen orientiert. Entsprechend diesen sollte auch das KSG-System für mitversicherte Kinder ohne sonstige Einkünfte erhebliche Vergünstigungen gewähren. So sollte dafür gesorgt werden, das Zuwendungsberechtigte ohne steuerpflichtige Einkünfte allenfalls eine geringe Monatspauschale zur Krankenversicherung leisten müssen. Diese sollte in jedem Fall unter € 50 pro Monat liegen. Über diesen Betrag hinausgehende Beiträge der Krankenversicherer sollten durch die gemäß Folgeausführungen verbleibenden Bundeszuschüsse an die Krankenversicherer abgedeckt werden.

Anders als bei der Kranken- und Pflegeversicherung entfallen bezüglich der Renten- und Arbeitslosenversicherung mit Einführung der Klimasolidarischen Grundsicherung jedwede gesetzlichen Pflichtbeiträge für alle Zuwendungsbegünstigten. Welche Auswirkungen dieses auf die künftigen Rentenansprüche derselben unter dem Gesichtspunkt der in einer Übergangsperiode zu gewährenden Besitzstandswahrung hat, wird in den nächsten Abschnitten erläutert.

Im Übrigen werden für das KSG nur insoweit Änderungen unseres derzeitigen Sozial- und Steuersystems geplant, als dies nachfolgend gesondert ausgeführt ist. Bei den diesbezüglichen Planungen habe ich mich darum bemüht, Schwächen des bisherigen Systems bestmöglich zu beseitigen und solidaritätsfördernde Vorzüge unter Einhaltung des Grundsatzes politischer Durchsetzbarkeit zu verstärken. Des Weiteren habe ich versucht, solidaritätsfördernde Elemente unseres Steuerregimes für Steuerarten ohne unerwünschte Preisüberwälzungswirkungen soweit wie möglich zu nutzen. Dementsprechend werden nur wenige Paragrafen des Erbschaftsteuerregimes in der vorgestellten Reformarchitektur aufgehoben(dieses allerdings durch Systemergänzungen mit einschneidenden Auswirkungen). Ferner geschieht nur über einzelne Paragrafen eine leistungsgerechtere Nachschärfung des Einkommensteuersystems. Daneben wird mit der Folge von gewollten Preiserhöhungen für angestrebte Emissionsminderungen ein Ausbau der CO_2-Besteuerung sowie die Einführung einer zusätzlichen Finanztransaktionssteuer vorgeschlagen, dies zusammen mit Luxussteuern sowie vor allem ökologisch wirksamen Änderungen von indirekten Steuern.

All den zuletzt angedeuteten Reformvorschlägen ist gemein, dass sie keine Belastung für die Wirtschaft darstellen und auch nicht den für die Weiterentwicklung unseres Gesellschaftssystems so wichtigen Mittelstand gefährden. Das gilt auch für die einschneidende „Entzwergung" des bisher gültigen Erbschafts- und Schenkungssteuergesetzes, die über sehr lange und vom Fiskus großzügig subventionierte Zahlungsfristen mittelstandskonform gestaltet ist.

Abschließend bleibt auch zur Vermeidung von Missverständnissen hervorzuheben, dass mit dem klimasolidarischen Grundeinkommen alle Sozialleistungen, wie sie derzeit in den Hartz-IV-Gesetzen einschließlich Abschnitt XII des Sozialgesetzbuchs geregelt sind, ersatzlos entfallen. Von einer Weiterbeschäftigung der in Teilen aufgeblähten Sozialbürokratie kann dementsprechend abgesehen werden. Dafür kann eine sozialdifferenzierte KSG-Umsetzung wie im Folgeabschnitt ausgeführt am effektivsten über die bereits bestehende Steuerverwaltung dargestellt werden.

Was auch nach Grundeinkommenseinführung als Teil einer staatlichen Sozialfürsorge weiterzuentwickeln ist, sind Behindertenunterstützungen, vormundschaftliche Betreuungsregelungen sowie andere sozialpsychologische Eingriffsregelungen und ähnliche Sonderbetreuungen. Diese sind nicht Gegenstand der mit KSG-Einführung aufzuhebenden Sozialgesetze. Ich halte es für wichtig, dass diese für die Sozialstandards der Bundesrepublik sehr wichtigen Fürsorgesysteme beibehalten werden.

Nach alldem errechnen sich für die insgesamt 80 Mio. Zuwendungsberechtigten die in Tab. 4.1 aufgeführten Verpflichtungen für sämtliche deutsche Gebietskörperschaften.

Tab. 4.1 Berechnung der voraus zu zahlenden Zuwendungspauschalen

	in Milliarden Euro
(47,1 ./. 3,2) Mio. **Voll-** und 4,6 Mio. **Jungempfänger** erhalten jeweils € 1400 (Alleinerzieher € 1600,--) und JE € 1100,--pro Monat; das ergibt:	809
14,0 Mio. **Rentenaufstocker** erhalten pauschal 1000,-- € pro Monat. Dies gilt jedoch nicht für Beamte, die bereits als Pensionsberechtigte über mehr als 1400,-- € pro Monat an gesichertem Einkommen verfügen. Damit verbleiben 13,0 Mio. an Rentenaufstockern mit pro Jahr:	156
13,0 Mio. **Kinder** und 3,2 Mio. **Auszubildende** erhalten im Durchschnitt bis zum 6. Lebensjahr 500,-- € pro Monat. Die 7- bis 12-Jährigen 600,-- € pro Monat, die 12- bis 16-Jährigen 700,-- € pro Monat – insgesamt p. a.:	125
Grundeinkommen-- und Rentenabgeltungspauschalen vor reformbedingten Mehrbesteuerungen	1090

4.4 Die Wegbesteuerung überschüssiger Zuwendungsvorauszahlungen

Die zuletzt errechneten Zuwendungspauschalen von insgesamt mehr als € 1 Billiarde sind, wie oben bereits mehrfach angedeutet, nicht mehr und nicht weniger als Vorauszahlungen. Deren Höhe sagt schon deshalb wenig über den tatsächlichen Gesamtfinanzbedarf des KSG-Systems aus. Letzteres beträgt laut Tab. 4.2 auch nur € 562 Mrd. Erst diesen Betrag gilt es über jene Steuererhöhungen zu finanzieren, die nachfolgend als belastungswirksam gekennzeichnet und als solche streng von den belastungsunwirksamen, reformbedingten Einkommensteuererhöhungen zu unterscheiden sind.

Die laut obiger Ziffer A die Zuwendungsvorauszahlungen von € 1090 leistende Bundeskasse unterliegt dem allgemeinen Verwaltungsrecht. Für sie benötigt man weit weniger Mitarbeiter mit viel geringeren Spezialkenntnissen als für die derzeitigen Job-Center. Die Bundeskasse hat ja auch keinerlei Bedarfsvoraussetzungen der Zuwendungsberechtigten zu prüfen. Sie muss lediglich sicherstellen und kontrollieren, dass die Personaldaten der Zuwendungsberechtigten nicht gefälscht sind und diese auch tatsächlich Eigentümer der im Zuwendungsantrag mitgeteilten Konten sind und auch tatsächlich (noch) in der BRD ihren Hauptwohnsitz bzw. gewöhnlichen Aufenthalt haben. Damit erschöpfen sich die Aufgaben des Organs für die Zuwendungsvorauszahlungen (= ex ante-Leistungen).

Ganz anders als bei obigen ex ante-Zahlungen verhält es sich bei den auf Dauer verbleibenden Begünstigungen für diejenigen Zuwendungsberechtigten,

Tab. 4.2 Finanzbedarfsermittlung

A	Gesamte Vorauszahlungspauschalen lt. Tab. 4.1:	1090 Mrd. €
B	Umwidmungen/Einsparungen beim Sozialbudget:	−213 Mrd. €
C	Belastungsunwirksame Mehrsteuern, da nur bis zur Höhe der Vorauszahlungspauschalen reichend (=Nullsummensteuern)	−315 Mrd. €
D	KSG-Finanzbedarf	562 Mrd. €

die obige Vorauszahlungen aufgrund ihrer individuellen Leistungsfähigkeit entweder gar nicht oder zumindest nur teilweise wirklich benötigen. Diesen werden im Rahmen der routinemäßigen Einkommensteuerveranlagung ihre nicht oder nicht vollständig benötigten Vorauszahlungen „wegversteuert". Das Ergebnis dieser „Wegversteuerung" entspricht den „Belastungsunwirksamen Mehrsteuern" von € 315 Mrd. laut Tab. 4.2. Die Veranlagung dieser Belastungsunwirksamen Mehrsteuern kann man auch als nachträgliche (ex post) Bedürfniskorrektur bezeichnen. Durch diese wird faktisch im Nachhinein die individuelle KSG-Bedarfsgerechtigkeit hergestellt. Das wiederum geschieht im Rahmen der einkommensteuerlichen Routineveranlagung ausschließlich durch die hierfür fachlich bestens qualifizierten Finanzbehörden. Sie obliegen dem laut Vorabschnitt reformierten Steuerrecht und haben dementsprechend wie auch bisher das Steuergeheimnis zu wahren

Zu der notwendigen Unterscheidung zwischen pauschalierten Zuwendungen im Sinne von Vorauszahlungen nach dem „Gießkannenprinzip" einerseits (ex ante-Zahlungen) und einer nachträglichen, bedarfsgerechten Individualisierung derselben durch eine reformierte, ansonsten aber ganz normale Einkommensteuerveranlagung (ex post-Vorauszahlungsanpassung) andererseits sind sowohl die meisten BGE-Modellentwickler wie auch das Gros der BGE-Community bisher (leider) nicht vorgedrungen. Für sie gibt es nur die vorgenannten ex ante-Vorauszahlungen nach dem „Gießkannenprinzip". Genau das aber führt zu den fehlgehenden Unterstellungen vieler BGE-Ablehner wie auch dem oben zitierten BdF-Sachverständigenrat. Zutreffend dagegen ist: Die Finanzierungsanforderungen für ein substanzielles Grundeinkommen liegen in Wirklichkeit weit unter jenen Zahlenwerten, die manche Autoren so genannter BGE-Modelle für vergleichbare Zuwendungshöhen als Finanzierungsaufgabe darstellen. Damit spreche ich insbesondere von jenen Modellentwicklern, die von den in Tab. 4.2 unter Ziffer A ausgewiesenen Zuwendungspauschalen lediglich die in Ziffer B genannten Umwidmungen und Einsparungen beim Sozialbudget abziehen, dann aber die Tatsache unerwähnt lassen, dass ein Teil der Zuwendungspauschalen sich wirtschaftlich betrachtet im Endeffekt (ex post) als „unberechtigte" Vorauszahlung erweist. Diesen Vorauszahlungsteil gilt es „wegzubesteuern". Solche „Wegbesteuerungen" hat

man aber wie eine die Steuerzahler nicht belastende Gegenfinanzierung zu werten
und gesondert, wie im Folgeabschnitt geschehen, zu berechnen. Dazu sei nochmals
wiederholt: Sie sind für die jeweiligen Steuerzahler solange nicht belastend, soweit
sie nicht deren Zuwendungspauschalen übersteigen. Solche Mehrsteuerbeträge
sind deshalb für den Finanzplannachweis, weil „nicht belastungswirksam", von
der Summe aller reformbedingten Mehrsteuern abzuziehen.

Letzteres geschieht leider in keinem der mir bekannten sogenannten BGE-
Modelle. Dies führt bei vielen BGE-Unterstützern wie insbesondere auch Gegnern
zu vermeidbaren Unklarheiten und manchmal auch folgenschweren Missverständnissen und Kritiken. All diese sind für das hier ausgeführte KSG-System nicht
einschlägig. Nur dieses ist als BGE besonderer Art mit klar definierten Grundlagen
und Standards nachvollziehbar und zugleich solidarisch in einem ganzheitlichen
Sinne. Danach gilt: Für den Zahler belastungsunwirksamer Einkommensteuern
stellen sich diese als reines Nullsummenspiel wie „linke Tasche zuvor herein und
rechte Tasche im Nachhinein zurück" dar. Belastungsunwirksame Mehrsteuern
stellen im Ergebnis nur sicher, dass niemandem mehr von den an ihn vorausgezahlten Pauschalen verbleibt, als er tatsächlich an individuellem Zuwendungsbe-
darf hat.

4.5   Sozialbudgetänderungen und belastungsunwirksame Mehrsteuern

In diesem Abschnitt sollen die Positionen B und C der Tab. 4.2. näher erläutert
werden. Insbesondere sollen die belastungsunwirksamen, reformbedingten Einkommenmehrsteuern im Einzelnen nachgewiesen werden. Beginnen wir dazu mit
den reformbedingen Änderungen des Sozialbudgets:

Zur Position B Umwidmungen/Einsparungen: Die Umwidmungen umfassen
Elemente des so genannten Sozialbudgets und davon insbesondere die vollumfänglich zu ersetzenden Hartz IV-Unterstützungen. Einsparungen betreffen dagegen
einen Teil der Verwaltungsausgaben für die Jobcenter. Im Einzelnen sind dies zusammen mit den Umwidmungen des Sozialbudgets:

- Umwidmungen des Bundes von € 152,4 Mrd. für Direktzahlungen betreffend
  Hartz IV-Unterstützungen und sonstige Sozialleistungen nach Abschnitt XII des
  Sozialgesetzbuchs einschließlich Rentenkassenzuführungen (zu den Quellen
  siehe Seite 70 ff meines eingangs genannten Buches zur Klimasolidarität).

- Umwidmungen/Einsparungen der Länder und Gemeinden von € 55,6 Mrd. Dieser Wert beruht auf einem Faktencheck von Der Spiegel aus Anlass meines von diesem moderierten Streitgesprächs im Juli 2019 mit dem Verdi-Vorstand und ausgewiesenen BGE-Gegner Ralf Krämer. Strittig waren die in den Statistischen Jahrbüchern für 2016 veröffentlichten Werte von € 88,3 Mrd. für die Länder und € 96,4 Mrd. für die Gemeinden. Mit deren oben von mir übernommenen, gutachtlich begründeten Kürzung unter Rechercheteamleitung des Fachredakteurs Florian Diekmann war auch Krämer nach Abgleich mit diesbezüglichen Verdi-Gutachten einverstanden.
- Personaleinsparungen für Jobcenter und bei Sozialleistern von € 5 Mrd. Auch dieser Wert wurde durch den vorgenannten Faktencheck des Spiegel-Fachteams nachgewiesen.

Zur Position C Belastungsunwirksame und reformbedingte Einkommensmehrbesteuerung: Dazu wissen wir bereits aufgrund der ausführlichen Erläuterungen im Vorabschnitt, dass:

- Zuwendungspauschalen nur jene (insoweit) behalten dürfen, die diese entweder vollumfänglich oder zumindest anteilig wirklich benötigen,
- was ja im Umkehrschluss bedeutet: Bis zu der nachfolgend erläuterten Begünstigungsobergrenze sind Zuwendungspauschalen je nach Höhe daneben erzielter, steuerpflichtiger Einkünfte mehr oder weniger im Nachhinein wegzusteuern.
- Besonders Unterstützungsbedürftige ohne jedwede steuerpflichtige Einkünfte verlieren dementsprechend nichts von den an sie vorausgezahlten Zuwendungspauschalen;
- dagegen erfolgen für alle übrigen, steuerpflichtigen Einkommensbezieher individuelle steuerliche Mehrbelastungen bis maximal zur Höhe der ihnen zugeflossenen Zuwendungspauschalen.

Eine solche Art nachträglicher sozialer Bedarfsüberprüfung ermöglicht allein das Einkommensteuerregime. Durch dieses sind nach den unten vorgeschlagenen Tarifänderungen bis zu einem steuerpflichtigen Jahreseinkommen von € 65.000 die unten errechneten, tarifgestaffelten Vorauszahlungsberichtigungen vorzunehmen. Im Einzelnen geschieht dies wie folgt:

a. Der bisher steuerfrei gebliebene „Grundfreibetrag" unseres Einkommensteuerregimes von nahezu € 10.000 pro Jahr entfällt vollständig.

b. Genauso entfallen alle Kinderfreibeträge und 50 % des bisherigen Sonderausgabenpauschbetrages.

c. Die dadurch zusätzlich zu veranlagenden, ersten € 10.000 an steuerpflichtigen Einkünften pro Jahr werden linear zu 30 % besteuert.

d. Für die € 10.000 übersteigenden Jahreseinkünfte wird eine sprunghaft ansteigende Steuerprogression so festgesetzt, dass diese mit € 65.000 zu versteuerndem Jahreseinkommen der Summe der Pauschalzuwendungen entspricht. Dies wird grafisch in Abb. 4.1 gezeigt.

In Abb. 4.1 wird vor allem die aktuelle Grenzsteuer (untere, verkantet verlaufende, gelbe Linie) mit dem reformierten Grenzsteuerverlauf nach KSG-Steuerreform (die oberste, verkantet verlaufende blaue Linie) verglichen. Dafür werden in der Fachsprache des bisherigen Einkommensteuerregimes drei Zonen unterschieden. Nämlich die bisher nicht besteuerte Freibetragszone von € 0 bis zu € 10.000 an zu versteuernden Jahreseinkünften (mit der quadrateingefassten Nr. 1 markiert). Sodann die derzeitige Progressionszone 1 samt Teilen der darauf folgenden Progressionszone 2 (mit Nr. 2 markiert). Es folgt dann der restliche Teil der Progressionszone 2 mit dem anfänglichen Teil der Proportionalzone (mit Nr. 3 markiert). Für all diese Abschmelzungszonen gilt, dass die in diesen durch die oben skizzierte KSG-Reform erzielten Mehrsteuern nicht belastungswirksam sind. Was zugleich bedeutet, dass den unten für diese errechneten Mehrsteuerzahlungen zumindest gleich hohe – in aller Regel sehr viel höhere – Pauschalzuwendungen gegenüber stehen. Diese Mehrsteuern sind letztendlich ein bedeutsamer und sehr hilfreicher Nebeneffekt der Zielverfolgung von individueller Leistungsgerechtigkeit. Über deren Veranlagung werden die Steuerbehörden zugleich oberste Prüfinstanz für die Klimasolidarische Grundsicherung. Sie sind dafür wie keine anderen Behörden hervorragend aufgestellt, weil Veranlagungen gemäß individueller Leistungsfähigkeit seit Jahrzehnten tragendes Leitprinzip unseres Einkommensteuer-Regimes sind. Dieser Teil der KSG-Tarifreform wird trotz einschneidenden Progressionsanstiegen zu keinen politischen Widerständen führen. Denn, wie wir bereits oben dargelegt haben, bis zu einem steuerpflichtigen Einkommen von € 65.000 pro Jahr ist die bis dahin zu zahlenden Einkommensteuer „nicht belastungswirksam". Für die Gruppe der unter € 65.000 liegenden Einkommensbezieher gilt deshalb: Wer will sich letztendlich gegen seine eigene Netto-Besserstellung wehren?

Wie bereits angedeutet, so tragen die sämtlich in Abb. 4.1 abgebildeten, nicht belastungswirksamen Einkommensteuern erheblich zur Minderung der vorausgezahlten Pauschalzuwendungen in Richtung des tatsächlichen (Netto-)Finanzbe-

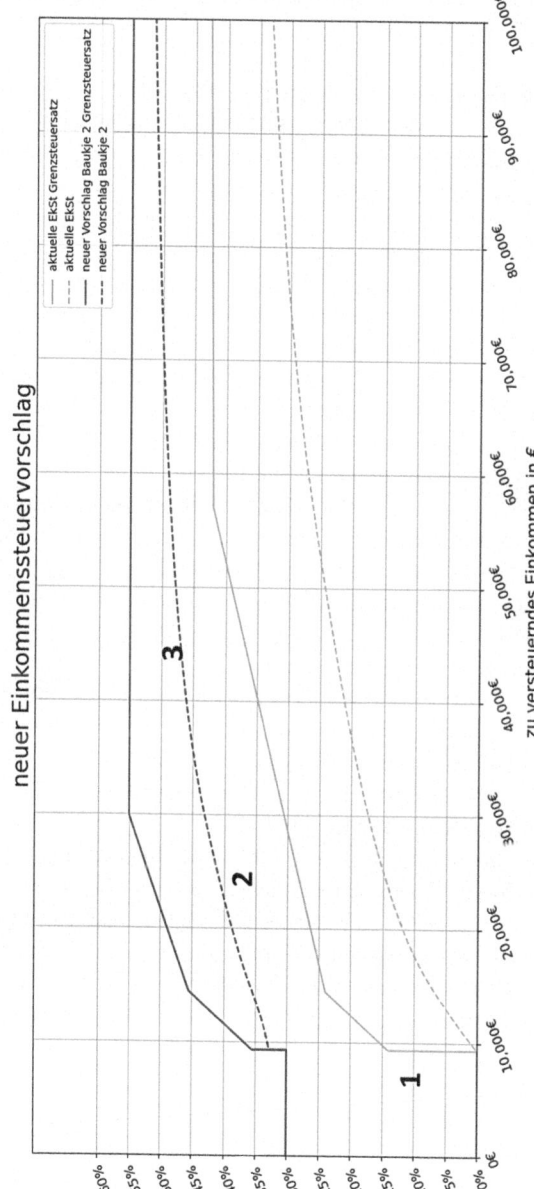

Abb. 4.1 Zuwendungsminderungen durch belastungsunwirksame EKSt-Mehrbesteuerungen

darfs bei. Im Einzelnen geschieht dies über die in Abb. 4.1 markierten Abschmelzungszonen (AZ-Zonen) wie folgt:

- AZ-Zone 1: Für diese Einstiegszone bis zu € 10.000 an zu versteuerndem Jahreseinkommen gilt wie oben schon gesagt ein linearer Steuersatz von 30 %. Damit sollte gerade für die unterste Einkommensgruppe ein ausreichender Anreiz zur Aufnahme von Erwerbsarbeit vermittelt werden. Trotz des insoweit moderaten Progressionseinstiegs errechnet sich für dieses Segment bei rund 42 Mio. Steuerpflichtigen eine Mehrsteuer von immerhin € 126 Mrd.
- AZ-Zone 2: Dieser Abschmelzungsbereich betrifft steuerpflichtige Einkünfte von € 10.000 bis € 30.000 pro Jahr. Die Grenzsteuer steigt in dieser Zone durchschnittlich um 21 % gegenüber der bisherigen Progressionszone 1 und dem ersten Teil der Progressionszone 2. Der neue Tarif beginnt damit bei 31 % und steigt degressiv auf 54 % (siehe Abb. 4.1). Bei durchschnittlich 21 % Progressionssatzsteigerung errechnet sich für durchschnittlich 25 Mio. Steuerpflichtige dieser Zone ein Mehrsteuervolumen von € 108 Mrd.
- AZ-Zone 3: Die Folgezone betrifft die steuerpflichtigen Jahreseinkommen über € 30.000 bis € 65.000 . Hier beträgt der Progressionsaufschlag im Durchschnitt 16 % auf die aktuellen Grenzsteuern. Dafür sind im Durchschnitt 14 Mio. Steuerpflichtige zu berücksichtigen. Daraus errechnet sich ein Volumen von € 81 Mrd. an Mehrsteuern.

Die in den drei AZ-Zonen jeweils berücksichtigten Anteile an sämtlichen Steuerpflichtigen liegen zusammengerechnet selbstverständlich weit über 100 %. Denn bereits für die ersten AZ-Zone sind nahezu 100 % aller Steuerpflichtigen zu berücksichtigen. Dieser Anteil ist wie ausgeführt immer mehr in den folgenden AZ-Zonen gemäß Steuerstatistiken zu vermindern.

Es können demnach mit der hier vorgeschlagenen Neujustierung des einkommensteuerlichen Progressionsverlaufs innerhalb obiger Tarifzonen insgesamt € 315 Mrd. an vorausgezahlten Zuwendungspauschalen ohne jedweden zusätzlichen Verwaltungsaufwand zurückgeholt werden. Zusammen mit den aufgezeigten belastungsneutralen Umwidmungen verbleiben danach gegenüber den mehr als € 1 Billionen an KSG-Vorauszahlungen ein um nahezu die Hälfte verminderter, echter KSG-Finanzbedarf.

4.6 Stigmatisierungsfrei, verteilungsgerecht und zugleich am kostengünstigsten

Von den meisten BGE-Netzwerken und deren Aktivisten werden die zuletzt im Einzelnen begründeten Standards entweder gar nicht oder zumindest missverständlich vermittelt. Letzteres gilt insbesondere bezüglich der für jedwedes Sozialsystem so wichtigen Ziele von bestmöglicher Sozial- und Verteilungsgerechtigkeit. Für nicht wenige BGE-Unterstützer ist offensichtlich Gesellschaftssolidarität und insbesondere Klimasolidarität (noch) kein in ihrem Fokus stehendes Thema.[1]

Dabei bieten die BGE-Leitideen, sofern auch ideell richtig verstanden und klimasolidarisch wie oben ausgeführt umgesetzt, geradezu ideale Voraussetzungen für das gleichzeitige und vor allem kostengünstige Erreichen der in der Überschrift zu diesem Abschnitt genannten Ziele, nämlich:

- die konsequente Vermeidung jedweder Diskreditierung durch ein voll umfänglich anonymisiertes Vorauszahlungssystem,
- bei gleichzeitiger Solidaritätsverbesserung durch die danach folgende, reformierte Einkommensteuerveranlagung,
- über die niemand legal erfahren kann, wer von seinen Mitbürgern die ihm zugeflossenen Pauschalen behält bzw. inwieweit diese bei ihm über die spätere Mehrbesteuerung teilweise oder sogar gänzlich weggesteuert werden
- und für die keinerlei zusätzliche Verwaltungskosten entstehen. Im Gegenteil: Wir können mehrere Mrd. € an Verwaltungskosten für die aktuell bestehenden Job-Center einsparen.

Über die bereits nachgewiesenen Verstärkungen von Leistungsfähigkeitsstandards hinaus bewirkt das KSG-System auch wirksame Verbesserungen unserer seit Jahrzehnten beklagten, beschämend ungerechten Vermögensverteilung. Darauf werde ich in den Folgeabschnitten noch vertiefender eingehen. Bereits an dieser Stelle soll aber als Zwischenresümee der Vorzüge des KSG-Systems gegenüber verschiedenen BGE-Vorstellungen hervorgehoben werden, dass

- es beim KSG-System anders als bei den BGE-Mainstreamverfechtern ganz entscheidend auf das „Wie" der Finanzierung ankommt. Beim KSG spielt nämlich der Stellenwert von Solidarität für die Auswahl, Ausgestaltung und Gewichtung der potenziellen Finanzierungsinstrumente eine zentrale Rolle,

---

[1] Das gilt auch für den in Teilen durchaus verdienstvollen Beitrag des Wirtschaftswissenschaftlers Thomas Straubhaar (2021, S. 7 ff.).

- wobei neben der Solidaritätseffizienz ein besonderes Augenmerk der Preissteigerungsneutralität und der Wirtschaftsverschonung durch die für unentbehrlich erachteten Steuererhöhungen gewidmet wird.

Literatur

Bayertz, K. (2019). *Solidarität*. Suhrkamp.

Blaschke, R. (2021). *Der Regelsatz-Skandal*. Netzwerk Grundeinkommen v. 20.03.2021. https://www.grundeinkommen.de/30/03/2021/der-regelsatz-skandal.html. Zugegriffen am 31.05.2022.

Statista. (2021). Altersstruktur 2020. https://de.statistica.com/statistik/daten/studie/1351/umfrage/altersstruktur.

Straubhaar, T. (2021). *Grundeinkommen jetzt! Nur so ist die Marktwirtschaft zu retten*. NZZ Libro.

Die Kernpunkte des klimasolidarischen Grundeinkommens als Problemlösungsschlüssel

5

Im Folgenden sollen die zur Finanzierung des KSG nach den zuletzt beschriebenen Anforderungsprofilen am besten geeigneten Steuersäulen beschrieben werden. Dies geschieht nach den üblichen Klassifizierungssystemen in direkte und indirekte Steuern.

5.1 Säulen des Finanzplans im Überblick

Zu den Säulen des Finanzplans zähle ich sowohl die nachfolgend ausgewählten direkten Steuern als auch zusätzlich bestimmte indirekte Steuern. Zwischen beiden, dabei systematisch eher den direkten Steuern zuzurechnen, ist eine Grundsicherungsabgabe als neue Steuersäule geplant. Letztere ähnelt von ihrer Bemessung her den aktuell von allen Unternehmen für ihre Mitarbeiter als sog. Arbeitgeberbeiträge abzuführenden Rentenbeiträgen. Da solche Abführungsverpflichtungen nach KSG-Einführung entfallen, soll an deren Stelle eine als „Grundsicherungsabgabe" bezeichnete Sondersteuer treten. Sie dient ausschließlich der KSG Finanzierung und wird ebenfalls nach der Summe der jeweiligen (Netto-)Personalausgaben erhoben.

Bei direkten Steuern sind die Person, die die Steuer trägt (Steuerträger), und die Person, die sie schuldet (Steuerschuldner), identisch. Zu den direkten Steuersäulen zählen zum einen die für Einkommen ab € 65.000 pro Jahr zu veranlagende Einkommensteuer. Ferner die Erbschafts- und die Schenkungssteuer mit einschneidender Reformierung des bisherigen Regimes. Dagegen habe ich aus guten Gründen die Körperschaftsteuer, die Gewerbesteuer und die Vermögensteuer nicht als weitere Finanzierungsquellen einbezogen. Dies geschieht letztlich aus dem

© Der/die Autor(en), exklusiv lizenziert an Springer Fachmedien Wiesbaden GmbH, ein Teil von Springer Nature 2023
B. Schloen, *Zivilisationsrettung jetzt!*,
https://doi.org/10.1007/978-3-658-38331-2_5

Grunde, weil deren Erhöhung Preissteigerungen auslösen kann, und zum anderen, um wirtschaftlichen Benachteiligungen deutscher Unternehmen im internationalen Steuerwettbewerb und eine unnötige Gegenwehr der Wirtschaft gegen eine KSG-Einführung vorzubeugen. Gegen die Wiedereinführung von Vermögensbesteuerungen sprechen neben diesen auch weitere Gründe. Nämlich, dass:

- gemäß Hochrechnung des IFO-Instituts bei einem politisch allenfalls durchsetzbaren Steuersatz von 1 % nur mit lächerlichen 17 Mrd. € an Mehreinnahmen durch eine Vermögenssteuerwiedererhebung gerechnet werden kann,
- wofür neben einem sehr hohen, zusätzlichen Verwaltungsaufwand auch mit den zuletzt angedeuteten Steuerüberwälzungseffekten und Wirtschaftsbelastungen zu rechnen ist,
- ohne dass diese Steuer – im Unterschied zur unten ausgeführten Erbschaftssteuerreform – einen nennenswerten Umverteilungseffekt auf die ungerechte Vermögensverteilung hat;
- eine Tatsache, die der frühere Finanzminister Peer Steinbrück in seinem Anfang Oktober 2022 bei Markus Lanz im ZDF gegebenen Interview nochmals hervorgehobenhat; er empfiehlt wie auch in der Vorjahren zu Recht seiner Partei, anstelle der Vermögenssteuer auf die Wiederbelebung der inzwischen „verzwergten" Erbschaftssteuer zu setzen. Mit dieser ist, wie nachfolgend begründet wird, ein fünffaches Mehrsteuervolumen gegenüber der Vermögenssteuer und dies mit einem sehr viel zielgenaueren Umverteilungshebel zu erzeugen.
- Die bis vor Kurzem in der SPD, bei Die Linke und Bündnis 90 Die Grünen gefassten Parteitagsbeschlüsse mit ausschließlicher Fokussierung auf die Vermögenssteuer entpuppten sich für Steuerfachkundige als reine Symbolpolitik. Die hierzu immer stärkere, nebenbei auch von mir vorgetragene, massive Kritik führte immerhin bei Die Grünen und inzwischen auch der SPD zu einem allmählichen Umschwenken Richtung Erbschaftssteuer. Nur dürfte das beiden Parteien in der Ampelkoalition wegen der neoliberal motivierten Steuererhöhungsblockaden durch die FDP zunächst wenig nützen. Auf den dadurch von der FDP ihren Koalitionspartnern aufgezwungenen, sozialpolitischen Sprengsatz soll im Kap. 7 dieses Buches noch näher eingegangen werden.

Im Unterschied zu den vorgenannten direkten Steuern sind bei den indirekten Steuern die Personen, die die Steuer wirklich tragen (Steuerträger), nicht identisch mit den Steuerschuldnern. Vielmehr wird die Steuerbelastung vom Steuerschuldner offenkundig auf andere Personen (Steuerträger) abgewälzt. Das trifft insbesondere für die Umsatzsteuer, die Verbrauchs- und Konsumsteuern und insbesondere die nachfolgend einen Diskursschwerpunkt bildende CO_2- nebst sonstigen Energieverbrauchssteuern zu.

Tab. 5.1 Steuererhöhungen, Abgaben und Zusatzsteuern zur KSG-Finanzierung

	Mrd. Euro	Mrd. Euro
gemäß Tab. 4.2 bestehender Finanzierungsbedarf:		562
abzüglich Grundsicherungsabgabe:	−93	
abzüglich Erhöhung von direkten Steuern:		
• davon als belastungswirksame Einkommensbesteuerung:	−100	
• davon durch Erbschafts-und Schenkungssteuerreform:	−85	−278
Zwischensumme:		284
abzüglich Erhöhungen bzw. zusätzlich veranlagte indirekte Steuern:		
• davon als neue Finanztransaktionssteuer:	−45	
• davon als CO_2 Steuer sowie Zertifikate und ähnliche Abgaben:	−100	
• davon durch Umsatz- einschließlich Luxussteuern:	−139	Null

Die Hauptvorzüge von indirekten Steuern gegenüber direkten Steuern liegen darin, dass mit ersteren ungewünschter Konsum gezielt gelenkt (z. B. für CO_2-Emissionsminderungen) und zudem umweltfördernde Verbrauchs- und Produktionslenkungen veranlasst werden können. Andererseits haben indirekte Steuern den Nachteil, dass sie zumeist unsozial wirken. Einkommensmillionäre z. B. werden selbst von einer einschneidenden Konsumsteuererhöhung existenziell so gut wie gar nicht betroffen. Für mittlere und insbesondere die unteren Einkommensschichten kann hingegen eine CO_2-Steueranhebung auf z. B. mehr als € 300 pro Kubikmeter CO_2-Verbrauch mit der Folge von Benzinpreiserhöhungen über € 3,00 pro Liter im Extremfall das Erfordernis einer nicht von jedem darstellbaren Wohnsitzverlagerung bedeuten. Insoweit kann man von einer Janusköpfigkeit der indirekten Steuern sprechen. Wie man diese umweltgerecht nutzen und zugleich klimasolidarisch abfedern kann, darauf will ich im Folgenden und insbesondere in Abschn. 5.6 genauer eingehen.

Das Zusammenwirken von steuerbelasteten Einkommenserhöhungen mit den anderen, zuletzt angesprochenen Steuersäulen zeigt Tab. 5.1 im Überblick:

5.2 Finanzierungsbeitrag der Einkommensteuerreform

Mit der Einkommensteuerreform innerhalb des KSG-Systems wird über die oben geschilderte Leistungsfähigkeits- und Bedarfskontrolle hinaus auch eine gesonderte Finanzierungssäule geschaffen. Diese Säule kann auch als einkommensteuerlicher Netto-Finanzierungsbeitrag bezeichnet werden. Der wird überwiegend aus der Anhebung des Spitzensteuersatzes von derzeit 42 % auf linear 55 % generiert.

Diese Progressionsanhebung führt aber erst zur Schaffung einer Steuersäule ab einem zu versteuernden Einkommen von € 65.000 pro Jahr. Zu solchen progressionsbedingten Säulenauffüllungen kommen Anteile aus Anhebungen des Steuersatzes von Abgeltungs- und Kapitalertragsteuern hinzu. Letzteres geschieht nur für Ausschüttungen bestimmter Körperschaften von derzeit 25 % auf 40 %. Ferner kommen hinzu Anteile aus den Aufhebungen jedweder Steuerbefreiungen für Gewinne aus Immobilien- und Kapitalanteilsveräußerungen. All dies ergibt die in Tab. 5.1 aufgeführten, belastungswirksamen Einkommenmehrsteuern von rund € 100 Mrd. Diesen stehen, wie bereits als deren Begriffsmerkmal erklärt, keine diese Steuermehrbelastung abdeckenden Pauschalzuwendungen gegenüber.

Die zuletzt genannten, belastungswirksamen Einkommensteuererhöhungen betreffen eher einen hälftigen Anteil der oben genannten 12,6 Mio. Gutverdiener. Für diese als sozial „stärkere Schultern" bezeichneten Bevölkerungsschichten kommt vollumfänglich obiger Höchststeuersatz von 55 % zur Anwendung. Mit diesem werden die vor mehr als 30 Jahren noch geltenden Spitzensteuersätze der Kohl-Ära lediglich um 1 % überschritten. Deshalb: Auch dieser Reformteil sollte richtig kommuniziert ohne größeren Widerstand politisch vermittelbar sein.

Zur Verbildlichung des Verhältnisses von belastungswirksamen und belastungsneutralen Einkommensteuererhöhungen siehe Abb. 5.1.

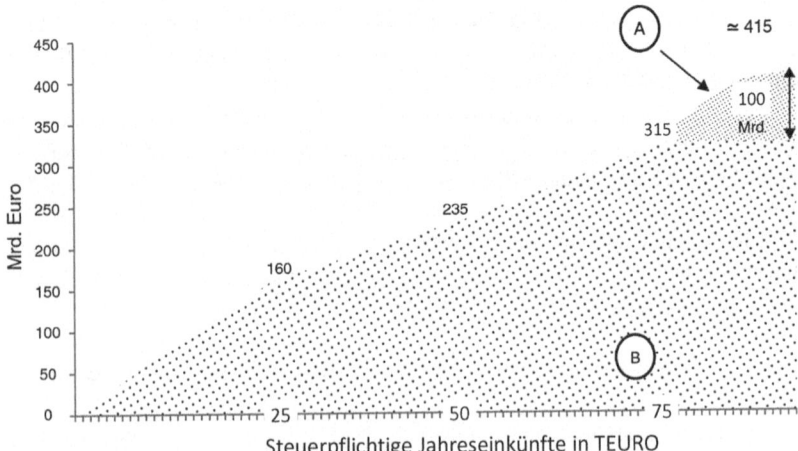

Abb. 5.1 Struktur der reformbedingten Einkommensteuererhöhungen
A = Fläche und Volumen der belastungswirksamen Finanzierungssäule
B = Fläche und Volumen der belastungsunwirksamen Einkommensteuererhöhungen

5.3 „Entzwergt" die Erbschaftssteuer

Wegen ihrer besonderen Bedeutung auf die durch das KSG über mehr Leistungsgerechtigkeit hinaus angestrebte Verteilungsgerechtigkeit nimmt die nachfolgend erläuterte Reform des Erbschaftsteuerregimes eine besonders prominente Stellung in diesem Manifest ein. Würden die diesbezüglichen Reformvorschläge weitgehend wie geschildert umgesetzt, so würden wir allein dadurch für unseren Sozialstaat eine ganz andere Qualität als bisher erreichen.

Das wenige Jahre nach dem Zweiten Weltkrieg einmal vorbildliche deutsche Erbschaftsteuerregime wurde im Laufe der letzten Jahrzehnte von der breiten Öffentlichkeit nahezu unbemerkt mehr und mehr zu einem Torso „verzwergt". In 2017 lieferte dieses Regime nur noch einen Finanzbeitrag von 0,9 % des damaligen Gesamtsteueraufkommens. Überspitzt kann man sagen: Mit steigender Vermögenskonzentration hat sich das Erbschaftsteueraufkommen beinahe proportional vermindert. Dazu erlaube ich mir, meine bereits in 2019 als Weckruf zu diesem Solidaritätsversagen veröffentlichten Zahlen zu wiederholen, wonach schon damals 10 % der Gesamtbevölkerung, insbesondere aufgrund von Erbschaften, mehr als 60 % des Vermögens gehörten. Bei rund 400 Mrd. € an jährlichen Vererbungen nahm damals – und daran dürfte sich bis heute wenig verbessert haben – der Fiskus gerade mal 6,1 Mrd. € an Erbschaftsteuer ein. Das waren rund 1,5 % der jährlichen Vererbungen zu Verkehrswerten bemessen.

Schon 2019 habe ich als Ursachen der obigen „Systemverzwergung" drei Gründe hervorgehoben, nämlich:

- veraltete und vor allem zu niedrige und deswegen seit über einem Jahrzehnt als verfassungswidrig abgeurteilte Steuerbemessungsgrundlagen. Dies betrifft vornehmlich die Bewertung von Grundstücken und davon insbesondere die Niedrigstbewertung von Agrar- und Forstflächen. Bei geschickter Einbeziehung solcherart Latifundien können sogar Milliardenvermögen gänzlich oder zumindest nahezu steuerfrei übertragen werden.
- ausufernde Steuerverschonungen für Unternehmer und Unternehmensbeteiligungen. Diesbezüglich degenerierte das deutsche Erbschaftssteuerregime durch aggressives Lobbying von Unterstützern der FDP, Werteunion, ASU und anderen neoliberalen Kapitalinteressenten zu einem genauso löchrigen System wie ein Schweizer Käse. Dies begünstigt vor allem die Wohlhabenden in den so genannten Familienunternehmen. In besonderen Fällen verbleibt in solchen sogar die Schenkung von Unternehmensbeteiligungen im Werte von über 1 Mrd. € steuerfrei, wie dies im nachfolgend aufgeführten Beispiel von Mathias Döpfner und Friede Springer gezeigt wird.

- zu niedrige Steuersätze – auch im Auslandsvergleich – für Erben in gerader Linie. Eine Folge der immer noch nicht überwundenen Verhaftung in überlebten „Blutzusammenhängen".

Allein die zuletzt angedeuteten Gesetzeslücken, die bei der vor wenigen Jahren erfolgten Übertragung von „Axel-Springer-Aktien" als steuerfreie Schenkung von Elfriede Springer auf Mathias Döpfner im Werte von mehr als 1 Mrd. € offenbar wurden, sollten selbst die hartnäckigsten Blockierer der hiermit nochmals geforderten Erbschaftssteuerreform überzeugen. All dies beruht auf viel zu komplizierten wie auch ungerechten Ausnahmeregelungen der §§ 13 ff des Erbschaftssteuergesetzes, die vollumfänglich aufgehoben werden sollten.

Wer die vorstehende „Verzwergung" beheben und eine erbschaftsteuerliche Effizienz auch zur Verminderung der Vermögenskonzentration wiederherstellen will, muss nicht nur viele der in den Eingangskapiteln als „Schlafwandler" bewerteten Politiker und Publizisten, sondern auch inzwischen eingewachsene Widerstände im Exekutivbereich überwinden. Dazu gehört auch die erkennbare Lustlosigkeit von Länderfinanzverwaltungen, was Erbschaftssteuerveranlagungen betrifft. So zeigen insbesondere bayerische Finanzbehörden wenig Bereitschaft zur Durchsetzung einer gesetzeskonformen Besteuerung vor allem für Immobilien.

Zu Einsichten für einen überfälligen Reformeinstieg mag zumindest den dafür ansprechbaren Politikern und auch Publizisten der treffende Satz von Goethe verhelfen: „Was du ererbt von deinen Vätern, erwirb es, um es zu besitzen." Dies würde für unsere Problemstellung heißen: „Du, lieber Erbe, der du für deine Erbschaft (doch) nicht den geringsten Verdienst hast, zahle wenigstens dafür einen angemessenen Beitrag an die Allgemeinheit. Diese hat doch für das Zustandekommen deines Erbes wesentliche Voraussetzungen mitgeschaffen. Deshalb: Zahle für deine (unverdiente) Bereicherung doch bitte eine angemessene Erbschaftssteuer."

Auch wenn der Mehrheit der Bevölkerung und Parlamentarier die weise Ermahnung ihres großen Dichters einzuleuchten vermag, so bedarf es für deren wirksame Umsetzung doch eines nicht unerheblichen Mehr an finanzpolitischer Qualifikation und sozialer Fantasie, als sie bisher bei den Parteiführungen offenkundig wurde. Letzterer bedarf es auch für das Wie der Liquiditätssicherung von deutschen Mittelstandsunternehmen. Für diese muss die von mir schon 2019 angemahnte und zugleich von den oben ansonsten kritisierten Neoliberalen zu Recht eingeforderte Maxime gelten: Es dürfen aus erbschaftsbedingten Unternehmens- bzw. Unternehmensanteilsübertragungen keine betriebsgefährdenden Liquiditätsrisiken entstehen!

Die Umsetzung dieser Maxime sollte allerdings anders als von der Kapitallobby zu Unrecht bis heute verhindert so erfolgen, dass

- auch der Mittelstand für Unternehmens- und Unternehmensanteilsübertragungen – genauso wie für die Vererbung sonstigen Vermögens – eine wertgerechte Erbschaftssteuer ohne jedwede Steuererleichterungen zahlt,
- aber: Er braucht diese Steuer nicht sofort nach vollzogener Erbschaft zu entrichten,
- vielmehr wird ihm die zu zahlende Erbschaftssteuer zinsgünstig und langfristig kreditiert;
- dies geschieht dadurch, dass er die festgesetzte Steuer über einen Zeitraum von mehr als 20 Jahren mit 2 % p. a. tilgt. Dies erfolgt mittels einer Annuität von 3 % pro Jahr. Eine solche Kreditierungshilfe wird für Erbschaftssteuerveranlagungen aller Steuerpflichtigen gewährt, soweit diese 100.000 € übersteigen.

So erleichterte Erbschaftsteuerbelastungen braucht kein tüchtiger Unternehmernachfolger zu fürchten. Im Gegenteil: Wer bekommt ansonsten die Chance, mindestens die Hälfte eines Unternehmens (eines Unternehmensanteils) dinglich über eine Annuität von 3 % pro Jahr zu erwerben?

Andererseits: Sollte sich ein Firmenerbe die Leistung einer Annuität von 3 % und damit eine fiskalische Gesamtbelastung seiner Erbschaft von weniger als 1,5 % pro Jahr nicht zutrauen, dann würde er damit seine Unfähigkeit zu einer qualifizierten Unternehmernachfolge unter Beweis stellen. In einem solchen Fall ist es besser, wenn er seine Erbteile verkauft, um Platz für tüchtigere Unternehmernachfolger zu machen. Dies wäre nicht nur für ihn, sondern auch für unsere Gesamtgesellschaft vorteilhaft.

Für eine solcherart kreditfinanzierte Erbschaftsbesteuerung bedarf es gesetzestechnischer Haushaltshilfen für Bund und Länder. Die Hilfen müssen es den Gebietskörperschaften ermöglichen, die jeweils veranlagte Erbschaftssteuer mit Rechtskraft der Bescheide vollumfänglich als Haushaltseinnahmen berücksichtigen zu können. Dafür sollten die den Steuerpflichtigen kreditierten Erbschaftssteuern an die Bundesbank zediert werden. Dadurch kann sichergestellt werden, dass die zedierten Steuerforderungen schon im Jahr der Zedierung im vollen Umfang als „Einnahmen" im betreffenden Haushaltsplan ausgewiesen werden können.

Im Übrigen sind alle Besteuerungsausnahmen und -privilegierungen abzuschaffen.

Darüber hinaus ist dafür Sorge zu tragen, dass Erbschaften mit ihrem tatsächlichen Wert veranlagt werden. Dies sollte auch für Grundstücke und grundstücksgleiche Rechte gelten. Schnellstmöglich sind deshalb die skandalösen Verfassungsverstöße des Bundesfinanzministeriums wegen begünstigender Grundstücksbewertungen zu beenden. Ganz besonders gilt dies für land- und forstwirtschaftliche Grundstücke, die für Erbschaftssteuerzwecke vielfach nur mit 20 v. H. ihres tatsächlichen Verkehrswertes berücksichtigt werden.

Im Übrigen sind unter Beibehaltung der jetzigen Freibeträge alle Steuersätze, unabhängig vom Verwandtschaftsgrad zum Erblasser, wie folgt heraufzusetzen:

a. für Erbschaften unterhalb eines Wertes von 1 Mio. € auf einen Steuersatz von 30 %,

b. für den Wert von 1 Mio. € übersteigende und 5 Mio. € unterschreitende Erbschaften auf einen Steuersatz von 40 %,

c. für die 5 Mio. € an Wert übersteigenden Erbschaften auf einen Steuersatz von 50 %.

Aus den obigen Steuersätzen schätze ich einen durchschnittlichen Erbschaftssteuersatz von 45,5 %. Auf die obige steuerrechtliche Erbschaftsbemessung von rund 200 Mrd. € pro Jahr bedeutet dieses bei Abzug aller Freibeträge ein erreichbares Erbschaftssteuervolumen von 45,5 % × 200 Mrd., entsprechend 91 Mrd. € jährlich.

Danach errechnet sich unter Abzug des bisherigen Volumens von 6 Mrd. € die in der Finanzplanübersicht aufgeführte Erbschaftssteuererhöhung um 85 Mrd. €. Selbstverständlich setzt deren gesicherte Beitreibung eine weitreichende Einhegung von Steuerumgehungsmöglichkeiten voraus. Insbesondere solche wie die inzwischen in Mode gekommenen, trustähnlichen Steuervermeidungskonstruktionen über so genannte Steueroasen. Dafür haben sich eine Vielzahl international tätiger Wirtschaftssprungs- und Rechtsanwaltssozietäten neben vielen Finanzdienstleistern einen zumindest in dieser Hinsicht zweifelhaften Ruf erworben. Deshalb wird es für die weitere Zukunft sehr darauf ankommen, dass Reformvorhaben, wie die oben ausgeführten, nicht wie z. B. die skandalösen „Cum-Ex-Umsetzungsregelungen" durch direkte oder parteigestützte Bestechungen von Parlamentariern wie auch federführenden Ministerialen durchlöchert und dadurch umgangen werden können. Wozu auch an dieser Stelle zu betonen ist: Möglich sind wirksame, gesetzliche Missbrauchsabsicherungen durchaus. Auch gegenüber der als übermächtig erscheinenden Finanzindustrie einschließlich deren nicht selten dekadenten Beraternetzwerken. Es bedarf dazu aber, anders als bisher leider zu selten erkennbar, des Mutes und der Entschlossenheit einer ausreichenden Zahl von Politikern zu einer wirkungsvollen Plutokratie-Abwehr.[1]

---

[1] Insbesondere sind die Missbrauchsvorschriften der Abgabenordnung, z. B. die §§ 70 ff AO, wie auch die des Außensteuergesetzes, z. B. die §§ 15 ff AStG, wesentlich zu verschärfen.

5.4 Zwischenresümee zu den direkten Steuersäulen

Die zuletzt ausgeführten Erhöhungen und Zusatzeinführungen von direkten Steuern decken bei Zurechnung der Grundsicherungsabgabe rund 50 % des Finanzplans ab. Es handelt sich demnach bei den hierzu dargestellten drei Komponenten um die eigentlich tragenden Finanzierungssäulen. Dies nicht nur wegen ihres erheblichen Beitragsvolumens, vielmehr auch wegen ihres besonders ins Gewicht fallenden Solidaritätsbeitrags. Immerhin werden durch die belastungswirksamen Einkommens- sowie „entzwergenden" Erbschaftssteuererhöhungen nahezu € 200 Mrd. von den sozial „breiteren Schultern" auf unterstützungsbedürftige Bevölkerungsschichten mehr umverteilt als bisher. Das ist geradezu ein Quantensprung in Richtung des von den Klimaforschern wie Schellnhuber und Renn zumindest sinngemäß angemahnten Mehr an Klimasolidarität. Zugleich fördert dies in erheblichem Umfang wie bereits hervorgehoben die Verteilungsgerechtigkeit.

Ein weiterer und nicht unerheblicher Vorteil des bisher vorgestellten Teils der Reformarchitektur liegt darin, dass die Erhöhungen der für diese ausgewählten direkten Steuern weitestgehend preisneutral wirken. Das dürften sogar finanzwissenschaftliche Laien bezüglich der ausgeführten Erhöhungen im Erbschafts- und Schenkungssteuerbereich nachvollziehen können. Kein begünstigter Erbe wird nämlich die von ihm zu entrichtende Erbschaftssteuer zum Gegenstand seiner betrieblichen Preiskalkulationen machen. Erbschaftssteuern sind eben kein Kostenfaktor und damit nicht via Preiserhöhungen überwälzbar. Das wird auch kein Volkswirt ernsthaft behaupten können.

Als etwas komplizierter stellt sich die Bewertung von eventuell durch die Einkommensteuererhöhungen ausgehenden Preissteigerungsrisiken dar. Immerhin vertritt die Mehrheit der Volkswirte die Auffassung, dass Steuerbelastungen auf Unternehmensgewinne grundsätzlich auf Kunden genauso wie bei den indirekten Steuern überwälzt werden. Das jedoch trifft nur für die typischen, direkten Unternehmensbesteuerungen durch das Körperschafts- und Gewerbesteuerregime zu einem Steuersatz von zusammen 30 % zu. Deshalb habe ich für diese direkten Steuerarten, wie schon betont, auch keinerlei Erhöhungen in den obigen Finanzierungsplan einbezogen. Da sich aber für die körperschaftsteuerbelasteten Unternehmen, die nebenbei nicht selten marktbeherrschende Großunternehmen sind, nichts ändert, werden auch die einkommensteuerbelasteten (in der Regel kleineren) Unternehmer schon aus Wettbewerbsgründen ihre bisherigen Kalkulationen weitestgehend beibehalten. Die Mehrheit dürfte deshalb bei wettbewerbsorientierter Steuereinpreisung unverändert bei 30 % Steueraufschlag (maximal 40 % für einbehaltene Gewinne) verbleiben. Die KSG-Einkommensteuererhöhungen dürften daher kaum Preissteigerungen auslösen. Im Übrigen betreffen die

KSG-Einkommensteuererhöhungen zu einem erheblichen Anteil jene nicht gewerblichen Einkunftsarten, für die ohnehin keine Preisüberwälzungen aufgrund erhöhter Steuerbelastungen möglich sind.

Anders verhält es sich jedoch mit der Grundsicherungsabgabe. Für diese sind zumindest bei mittleren sowie großen Unternehmen ab einer gewissen Beschäftigtenzahl Überwälzungen aufgrund dieser Abgabenerhöhung wahrscheinlich. Denn diese Unternehmen werden ja nicht dadurch entlastet, dass sie keine Arbeitgeberbeiträge mehr zur staatlichen Rentenversicherung abführen müssen. Vielmehr werden sie per Tarifvereinbarung sehr wahrscheinlich gezwungen werden, die Nettolöhne um diese Abführungsminderungen zu erhöhen und an die Arbeitnehmer auszuzahlen. Denn deren Zwangsversicherungsabführungspflicht für Renten- und Arbeitslosenversicherung endet selbstverständlich mit Einführung des hier vorgestellten KSG-Systems. Brutto- und Nettogehälter (Löhne) unterscheiden sich dann nur noch durch die vom Arbeitgeber vorzunehmenden Lohnsteuerabführungen und eventuell verbleibende Zwangsbeiträge an Kranken- und Pflegeversicherungen.

Als Zwischenresümee zu den bisher ausgeführten KSG–Finanzierungen bleibt als deren gemeinsame Vorzüge festzuhalten:

• Sie sind gesetzestechnisch mit wenig Aufwand umsetzbar
• und sie sind für Fachkundige leicht berechenbar und zugleich sogar für Laien nachvollziehbar.

5.5   Zur Janusköpfigkeit der KSG-reformierten, indirekten Steuern

Ganz anders als bei der Reform obiger direkter Steuern verhält es sich bei jener der indirekten Steuern. Von letzteren bewirkt nur die Finanztransaktionsteuer keinerlei Preissteigerungseffekte und ist ebenfalls wie die direkten Steuern verhältnismäßig zuverlässig zu berechnen. Ihr Konzept beruht auf der Erfassung nahezu aller Finanztitel und wurde bereits im Jahre 2011 von der EU-Kommission den Mitgliedstaaten als Vorschlag unterbreitet. Deren Grundansatz geht auf die von John Maynard Keynes im Jahre 1936 mit seiner General Theorie für in den Aktienmarkt vorgeschlagenen Steuern zurück. Allerdings hat die EU-Kommission den inzwischen den Aktienhandel an Bedeutung weit übertreffenden Derivatehandel mit berücksichtigt. So soll die Steuer nach dem EU Konzept 0,1 % auf den Handel mit Aktien und Anleihen betragen. Hingegen sollen Derivate von Aktien und Anleihen mit 0,01 % besteuert werden. Laut einem Gutachten des DIW (Deutsches Institut für Wirtschaftsforschung in Berlin) könnte die Bundesrepublik aufgrund dieses

EU–Konzeptes eine mehr Steuer von € 45 Mrd. pro Jahr vereinnahmen. Dies macht gerade mal rund 16 % des Volumens der in Tab. 4.3 angegebenen, indirekten Steuern aus.

Die restlichen 84 % der indirekten, in das KSG-System einbezogenen Steuern mit einem Volumen von € 239 Mrd. wirken zum Teil nicht nur ungewollt preissteigernd. Vielmehr sollen sie dies zur Hälfte sogar. Diese Hälfte soll nämlich über Preiserhöhungen verbrauchssteuernd im Sinne von emissionsmindernd und ressourcenschonend wirken. Sie soll also zweierlei Zielen dienen: nämlich der Mitfinanzierung des KSG-Systems einerseits und der Emissionsminderung und Ressourcenschonung andererseits. Man kann dies auch als janusköpfige Funktionseigenschaften und diese zusammen, wenn man so will, als synergetische „Win-Win-Effekte" bezeichnen.

Eine besondere klimapolitische Bedeutung aber auch Brisanz kommt von den janusköpfigen Steuerarten der CO$_2$-Steuer und dem mit dieser verwandten Zertifikatehandel zu. Unter einer diesbezüglichen Brisanz leidet schon jetzt die aktuell regierende Ampelkoalition. Die Gründe dafür ergeben sich aus der oben schon angedeuteten Tatsache, dass

- die CO$_2$-Besteuerung und noch mehr der Zertifikatehandel ein Schlüsselinstrument für die Erreichung von nachhaltigen Emissionsminderungen darstellt, was dieser Handel allerdings
- mit voller Wirksamkeit erst ab Realisierung von oben bereits aufgezeigten Preisniveaus bewirken kann;
- wobei letzteres bisher von der EU-Kommission offensichtlich wegen befürchteter Widerstände seitens der Wirtschaft nicht in Vollzug gesetzt wurde,
- weshalb schon deshalb zumindest für die nächsten Jahre Wirtschaftsminister Habeck wie auch Landwirtschaftsminister Özdemir die von den Grünen angekündigten Haushaltmittel zur sozialen Abfederung ihrer versprochenen Politikwende bisher fehlen.

5.6 CO$_2$-Steuern, Zertifikate – und andere Umweltschutzeinnahmen

Diese erst in jüngster Zeit in den klimapolitischen Fokus gelangten Finanzierungsmöglichkeiten nehmen in meinen bisherigen Veröffentlichungen einen durchaus prominenten Platz ein (Schloen, 2019, S. 46 ff., 2021, S. 81 ff.). In diesen habe ich zuletzt kühn behauptet, dass CO$_2$-Steuer- und Zertifikateeinnahmen zur KSG-

Finanzierung insgesamt € 175 Mrd. pro Jahr beitragen können. Dafür habe ich mich auf Auskünfte des BGE-Autors und ökologischen Energiespezialisten Ulrich Schachtschneider gestützt. Dieser hatte mir mitgeteilt, dass bei einem Ausstoß von 800 Mio. Tonnen an CO_2-Emissionen ein Preis von € 212 pro Tonne zur Generierung des vorgenannten Finanzbeitrages erforderlich sei. Dies aber nur zusammen mit einem erst ab 2025 erhöhten Preisniveau des EU-ETS-Emissionshandels, was im Ergebnis bedeutete: Wären die € 175 allein über eine CO_2-Steuer zu finanzieren, dann müsste diese auf etwa € 424 pro Tonne CO_2-Verbrauch angehoben werden. Das erwies sich aufgrund eines nachträglichen Faktenchecks als jenseits jedes politisch vorstellbaren Handlungsrahmens liegend.

So sind schon aufgrund des Ende 2021 abgeschlossenen Faktenchecks die Werte meiner obigen Schätzungen erheblich zu reduzieren. Das gilt aber noch viel mehr nach den jüngsten Preisexplosionen auf den fossilen Energiemärkten aufgrund der putinschen Ukraineaggression. Diese verunmöglichen kurzfristige und erschweren auch zusätzlich langfristige Prognosen zu obigem Finanzierungspotenzial. Dennoch versuche ich zu alldem mit großen Vorbehalten ein längerfristiges Finanzierungspotenzial aus CO_2-Steuern und Zertifikateeinnahmen wie folgt zu prognostizieren:

a. Einnahmen aus EU-ETS-Emissionshandel (EU-Emissions-Trading-System): Dieses System besteht seit 2005 und deckt rund 40 % aller Treibhausemissionen in der EU ab. Den Rechtsrahmen bildet die EHS-Richtlinie. Für diese gilt seit 2018 die Phase 4. In dieser erfolgt, wie schon angedeutet, bis mindestens 2025 eine kostenlose Zuteilung von Zertifikaten. Bis dahin also erzielt die EU daraus keinerlei Einnahmen. Der Umfang der unentgeltlich vergebenen Zertifikate aber, und hierin liegt immerhin ein wichtiger EU-ETS-Beitrag zum Klimaschutz, wird laufend eingeschränkt. Diese Einschränkungen haben im September 2021 sogar zwischenzeitlich dazu geführt, dass die gehandelten Zertifikatpreise sich der Marke von € 200 pro Tonne CO_2-Verbrauch angenähert haben. Dazu sollte man wissen, dass solche Zertifikate für rund 10.000 Anlagen im Stromsektor und der verarbeitenden Industrie quasi als Betriebserlaubnis benötigt werden. Der Zertifikathandel beginnt für alle Emissionserzeuger, die eine bestimmte Größe übersteigen.

b. Einnahmen aus der CO_2-Steuer: Diese beruht auf den in 2019 beschlossenen und 2020 novellierten Regelungen mit dem Namen Brennstoffemissionshandelsgesetz. Dies ist zu Beginn des Jahres 2021 nur für die BRD in Kraft getreten. Das Gesetz setzt im Gegensatz zum EU-ETS nicht beim Erzeuger bzw. Emittenten von Treibhausgasen sondern bei den Inverkehrbringern von emissionsverursachenden Erzeugnissen an. Das sind in der Regel Energiehändler sowie Öl- und Gasimporteure, aber auch im Inland gelegene Raffinerien und Stadtwerke. Bis 2025 soll die CO$_2$-Steuer auf € 55,00 pro Tonne CO$_2$-Verbrauch steigen. Ab 2026 gibt es nach der aktuellen Gesetzesfassung keinen Festpreis und ab 2027 auch keinen gesetzlichen Preiskorridor mehr. Vielmehr bildet sich von da an die Bemessungsgrundlage für die so genannte CO$_2$-Steuer durch eine Versteigerung von Emissionszertifikaten für das Inverkehrbringen von emissionsverursachenden Erzeugnissen.

Auf Nutzungen der zuletzt gennannten Instrumente ruhen wesentliche Klimarettungshoffnungen vieler Umweltpolitiker aber auch Ökonomen. Von Letzteren sehen nicht nur die üblichen Verdächtigen aus dem Kreis sogenannter Neoliberaler, sondern auch durchaus als „links" verortete Wissenschaftler die Marktbasiertheit dieser Instrumente als deren unverzichtbare Stärken an. Das gilt auch für den Bonner Institutsleiter Armin Falk, der den Markt als „Entdeckungsverfahren … für den richtigen Weg zur Klimaneutralität" staatlichen Lenkungsvorgaben gegenüber als grundsätzlich überlegen ansieht (Heuser, 2022). Fraglich ist nur, wie mehrfach ausgeführt, ob diese Instrumente überhaupt wirkungsvoll zum Einsatz gelangen. Man kann vereinfacht sagen: Je höher und schneller die Zertifikatepreise steigen, umso rascher und umfangreicher sind CO$_2$-Emissionsminderungen zu erwarten. Das Problem ist nur: Rasch steigende Energiepreise belasten insbesondere die sozial schwächeren Bevölkerungsschichten. Deshalb befürchten Politiker nicht nur in Frankreich sowie anderen EU-Ländern, sondern auch in der BRD ein „klimapolitisches Gelbwestenproblem". Sie blockieren deshalb aktuell den preislich wirkungsvollen Einsatz dieser Instrumente.[2]

Aufgrund all der zuletzt angesprochenen Blockaden ist es derzeit nur mit sehr begrenzter Zuverlässigkeit abzuschätzen, ob sich über die Versteigerungen von Emissionszertifikaten für die EU innerhalb der nächsten zehn Jahre, also bis spätestens Ende 2032, überhaupt noch nennenswerte Überschüsse politisch durchsetzen lassen. Vor allem unter Berücksichtigung der hier mehrfach angesprochenen Preisexplosionen für die als Zwischenlösung zumindest bis 2030 benötigten, fossilen Energierohstoffe. Die von den Grünen vor der Ukrainekrise vollmundig zur Sozialabfederung versprochene Rückerstattung von Zertifikateeinnahmen steht derzeit offensichtlich in den Sternen.

Vermutlich wird die BRD wegen dieser Schwierigkeiten erst nach Beherrschung der aktuellen Preisexplosionen auf den fossilen Energiemärkten zeitlich verzögert versuchen, ihre CO$_2$-Verbrauchsbesteuerung über den bisher geplanten

---

[2] In Polen werden zurzeit (Stand März 2022) zum Ausgleich von Energiepreissteigerung einfach die Mehrwert- und andere Verbrauchsteuern wesentlich herabgesetzt.

Mindestpreis von € 60,00 pro Tonne CO_2-Ausstoß zu erhöhen. Im besten Fall halte ich es bis Ende 2032 für möglich, dass sich für die BRD aus einem Mix von erhöhten CO_2-Steuern und Zertifikateeinnahmen ein Haushaltsposten darstellen lässt, der einer Einnahmesumme von € 240 pro Tonne CO_2-Ausstoß entspricht. Damit könnte die BRD im allerbesten Fall einen Haushaltsposten von rund € 100.000 pro Jahr für Preissteigerungsausgleiche an alle Bürger finanzieren. Aber selbst diese extrem optimistische best-case-Version reicht zur überfälligen sozialen Abfederung einer wirklich nachhaltigen Klima- und Umweltpolitik keinesfalls aus. Darauf werde ich im Schlussabsatz dieses Kapitels nochmals eingehen.

5.7   Luxus- und sonstige Umsatzsteuererhöhungen

Bei Abfassung dieses Unterabschnitts führte ich mit Netzwerkpartnern eine Telefonschalte unter anderem mit dem Finanzwissenschaftler Thomas Straubhaar über sein gerade veröffentlichtes Buch „Grundeinkommen jetzt!" (2021) durch. In dieser hob Straubhaar neben manchem durchaus kritisch Hinterfragbaren hervor, dass Unternehmenssteuer- und Abgabenbelastungen letztlich immer an den Endverbraucher weitergeleitet würden. Diesem, nach meinem Dafürhalten zutreffenden Statement dürften, zumindest was darin enthaltene Überwälzungen via Umsatzsteuern betrifft, auch Finanzlaien folgen. Denn es ist ja wahrlich nicht schwer einzusehen, dass ein Unternehmen(r) von ihm an den Fiskus abzuführende Umsatzsteuererhöhungen über eine Anhebung seiner Verkaufspreise weiterzureichen versucht. So möge allen geschätzten Lesern einleuchten, dass die nachfolgend vorgestellte Umsatzsteuerhöhungen zumindest auf Dauer im gleichen Umfang zu Preissteigerungen führen. Offen bleibt dann allenfalls die Frage, welche Bevölkerungsgruppen solche Preissteigerungen absolut wie auch relativ besonders treffen?

Dazu mag so manchen Leser überraschen, dass Umsatzsteuererhöhungen durchaus klimasolidarisch und dementsprechend sozial gestaltbar sind. Das jedoch erfordert produktbezogene anstelle von pauschalen Umsatzsteuererhöhungen. Ersteres würde man z. B. erreichen, wenn Umsatzsteuern nur für Pkw mit einer Motorleistung von über 170 PS erhöht würden. Denn: Die potenziellen Käufer der davon betroffenen Pkw gehören ohne Zweifel nicht zu den Armutsgefährdeten. Man wird solche Käufer auch selten im oberen Bereich der mittleren Einkommensschichten antreffen. Belastete einer derartigen Umsatzsteueranhebung wären demnach fast ausschließlich Angehörige des oberen Einkommendrittels.

Aus all den zuletzt genannten Gründen plädiere ich dafür, vor allen weiteren Steueranhebungsüberlegungen erst einmal für Pkw ab 170 PS die Umsatzsteuersätze im Sinne eines „Luxussteuerzuschlags" von 11 % auf deren Netto-

Verkaufspreise zu erhöhen. Das betrifft ca. 20 % aller Pkw-Neuzulassungen in der BRD. Für diese errechnet sich bei einem Gesamtinlandsumsatz für Pkw von € 135 Mrd. ein Nettoverkaufsvolumen von € 27 Mrd. als Bemessungsgrundlage. Der Luxussteuerzuschlag führt danach zu € 3 Mrd. fiskalischen Mehreinnahmen pro Jahr – dies einschließlich schwerer SUV- und leistungsstarker Plug-in-Hybrid-Verkäufe.

Im Rang nach obigem Luxussteueraufschlag halte ich sodann eine Anhebung der aktuell noch begünstigten Umsatzsteuern für Fleischerzeugnisse aus rein ökologischen Gründen für geboten. Außerhalb von gastronomischem Verzehr würde dadurch der bisherige Steuersatz von 7 % für Fleischwaren auf das derzeitige Normalniveau von 19 % USt.-Satz angehoben. Dies macht bei einem Netto-Umsatz im Schlachterei- und Fleischverarbeitungsgewerbe von € 44 Mrd. jährlich ohne Hinzu- und Abrechnungen rund € 5,3 Mrd. an zusätzlichen Umsatzsteuermehreinnahmen pro Jahr aus (Statista, 2021).

Damit allerdings sind nach meiner Recherche die wirklich ergiebigen Quellen für ökologisch und zum Teil sogar sozial wirkende Umsatzsteuererhöhungen ausgeschöpft. Danach verbleibende Möglichkeiten aus der Generierung genereller Umsatzsteuermehreinnahmen sind aber immer noch Erhöhungen von Körperschafts-, Gewerbe- und unternehmerischer Vermögenssteuer vorzuziehen. Denn: Letztere belasten im Gegensatz zu Ersterer die Wettbewerbsfähigkeit der deutschen Wirtschaft.

Der durch pauschale Umsatzsteuererhöhungen abzudeckende Restfinanzierungsbedarf wird erheblich durch automatische Umsatzsteuererhöhungen vermindert. Dieses bewirkt nämlich die Tatsache, dass aus den aufgezeigten Grundsicherungsverbesserungen ein beachtlicher Mehrkonsum erwächst. Für eine schätzungsweise Berechnung desselben sind von den umverteilungswirksamen Steuermehreinnahmen zuzüglich Mehreinnahmen aus Finanztransaktionssteuer und Grundsicherungsabgabe die dadurch maximal ausgelösten Preissteigerungen abzuziehen. Das ergibt in etwa eine Bemessungsgrundlage von rund € 300 Mrd. Bei einer umsatzsteuerwirksamen Konsumquote von 75 % errechnet sich daraus eine Netto-Bemessungsgrundlage für automatische Umsatzsteuermehreinnahmen von rund € 200 Mrd. Bei einem durchschnittlichen Umsatzsteuersatz von 15 % errechnen sich daraus automatische Umsatzsteuer-Mehreinnahmen von € 30 Mrd.

Demnach bedarf es zur Schließung von defizitären Finanzierungslücken einer pauschalen Erhöhung der Umsatzsteuer um € 100,7 Mrd. Das aktuelle Umsatzsteueraufkommen von € 240 Mrd. müßte danach pauschal um 42 % erhöht werden. Dies ist zu erzielen durch pauschale Anhebung des Maximalsteuersatzes um einen Aufschlag von 8 %, ferner um einen Aufschlag von 3 % auf den begünstigten Steuersatz von aktuell 7 %. Das aber wäre die ultima ratio im Sinne einer worst case Finanzierung, da dies zu abselut kontraproduktiven Preissteigerungen führen würde. Um diese zumindest auf ein erträgliches Maß zu begrenzen, sollte die pauschale Umsatzsteuererhöhung auf allenfalls 50 % der oben genannten Erhöhungsbeträge begrenzt werden. Die dann noch verbleibende Finanzierungslücke von maximal € 50 Mrd. könnte bei Umsetzung der in Kapitel drei dargestellten Reformen unseres Geldwesens mit durchaus weniger Inflationsrisiken als denen durch pauschale Umsatzsteuererhöhungen über Defizite des Staatshaushalts finanziert werden.

5.8   Säulengetragene Abfederungsplattformen stützen soziale Resilienz

All die bisher berechneten Erhöhungen innerhalb ausgewählter Steuerregime lassen sich zu einem System von Steuersäulen verdichten. Dieses System soll unten durch Abb. 5.2 veranschaulicht werden.

Aus den vorangestellten Erläuterungen zu Abb. 5.2 lassen sich ohne weiteres deren Verbesserungspotenziale für die soziale Abfederung der in diesem Manifest vorgestellten nachhaltigen Klimapolitik berechnen. Das Brutto-Verbesserungspotenzial entspricht dabei dem Unterschiedsbetrag zwischen dem in Abb. 5.2 abgebildeten „Abfederungsniveau" und dem „sozialen Ausgangsniveau" (AU). Der Unterschiedsbetrag zwischen beiden errechnet sich mit € 355 Mrd. Aus diesem Unterschiedsbetrag entsprechend dem Brutto-Verbesserungspotenzial zur sozialen Klimapolitikabfederung sind die finanzierungsbedingten Preissteigerungseffekte zur Ermittlung des Netto-Verbesserungspotenzials abzuziehen. Dies geschieht in Tab. 5.2.

Der Abzug von 67 % bei den in Tab. 5.2 berücksichtigten Steuersäulen geschieht wegen der geschätzten Konsumquote für alle insgesamt Abfederungsbegünstigten. Das betrifft bei individuell sehr unterschiedlichen Begünstigungen über 70 % der Gesamtbevölkerung. Die Abfederungshilfe kommt für diese insbesondere der unteren und danach mit stark abnehmender pro-Kopf-Unterstützung den beiden mittleren Vierteln aller Einkommensschichten zugute. Ich bin davon ausgegangen, dass auf die so geförderten Schichten insgesamt maximal zwei Drittel des Gesamtkonsums entfallen. Für diese sind dementsprechend 67 % der säulenabhängigen Preiserhöhungen einschlägig.

Das Ergebnis der sich laut Tab. 5.2 errechnenden sozialen Abfederungsverbesserungen von Netto + € 159 Mrd. bedarf für eine anschauliche Bewertung derselben einer weiterführenden Betrachtung. So entspricht dieser Wert pro Begünstigten bei reiner Durchschnittserrechnung einer Abfederungsverbesserung um € 2650 pro Jahr (= € 221 pro Monat). Das erscheint auf den ersten Blick als nicht sehr bedeutsam. Richtet man aber seinen Blick insbesondere auf die sozial weniger privilegierten KSG-Begünstigten, dann verändert sich dieser Eindruck schlagartig.

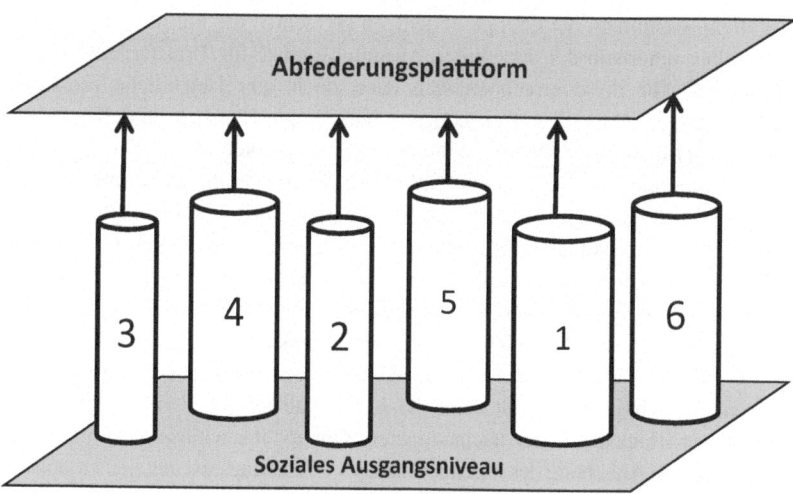

	Finanzierungsbeitrag Mrd. €
1 = Säule der belastungswirksamer Einkommensteuererhöhung:	100
2 = Säule einer unternehmensbelastenden „Grundsicherungs- abgabe" für ehemalige Sozialleistungsabführungen	93
3 = Säule aus Erbschaftssteuererhöhungen	85
Finanzvolumen aus direkten Steuern	**278**
4 = Säule aus CO_2 Steuern samt Zertifikate-Einnahmen	100
5 = Säule aus Finanztransaktionssteuer, Luxussteuern und automatischen Mehrumsatzsteuereinnahmen (€ 45 Mrd. + 9 Mrd. + 30 Mrd.)	84
6 = Säule aus pauschaler Umsatzsteuererhöhung	100
Finanzvolumen aller Steuersäulen	**562**

Abb. 5.2   Anhebung des sozialen Abfederungsniveaus

Tab. 5.2   Soziale Netto-Abfederungen

	Mrd. €
Soziale Brutto-Abfederungsverbesserung	+ 355
• Preissteigerungen durch Steuersäule Nr. 2 in Abb. 5.1 = 67 % von € 93 Mrd.:	−62
• Preissteigerungen durch Steuersäule Nr. 4 (67 % von € 100 Mrd.):	−67
• Preissteigerungen durch Steuersäule Nr. 6 (67 % von € 100 Mrd.):	−67
Soziale Netto-Abfederungsverbesserung	+159

Vor allem, wenn man die Gruppe derjenigen betrachtet, die mit ihren Einkünften unmittelbar unterhalb der derzeitigen Anspruchsgrenze für Transferunterstützungen liegen. Für diese errechnen sich dann doch sehr beachtliche pro-Kopf-Verbesserungen. Das gilt z. B. schon für einen Single-Haushalt ohne Kinder mit einem derzeitigen steuerpflichtigen Jahreseinkommen von € 15.000. Solche Person erhalten über die oben dargestellte Abfederungsverbesserung steuerfreie Zusatz-einkünfte nach Abzug reformanhängiger Preissteigerungen von netto € 7800 pro Jahr (= € 650 pro Monat). Mit solchen Abfederungsverbesserungen können sich selbst Geringverdiener weitere Preissteigerungen z. B. für ökologischer erzeugte Nahrungsmittel von sagen wir z. B. € 200 pro Monat leisten. Sie bleiben selbst dann immer noch soziale(r) Gewinner(in) der Klimakrise.

Die zuletzt abgeleiteten Berechnungsfakten mögen schon auf den ersten Blick belegen, wie wirksam sich mit der KSG-Architektur alle im vorletzten Abschnitt behandelten Blockaden einer nachhaltigeren Klimapolitik auflösen lassen. Außerdem lässt deren Anhebung des klimapolitischen Abfederungsniveaus eine erhebliche Stabilisierung des Zusammenhalts unserer Gesellschaft erwarten. Dies in einer Qualität, die man auch als Steigerung der sozialen Resilienz dieser Gesellschaft bezeichnet kann. Denn ähnlich wie dafür engagierte Forscher dies für jedwedes resilientes System einfordern,[3] so kann mit der zuletzt abgebildeten Niveauanhebung endlich proaktiv und ganzheitlich auf die drohende Klimakatastrophe geantwortet werden. Dies geschieht anstelle des bisher sozial so gehemmten und mit stets unterdimensionierten Insellösungen bestenfalls punktuell wirksamen Krisenmanagements.

Ein besonders krasses Beispiel für unterdimensionierte Insellösung ist das bereits angesprochene Vorhaben von den Grünen, marktgetriebene CO_2-Emissionsbelastungen nahezu ausschließlich über die Rückerstattung von CO_2 Steuern und Zertifikateinnahmen an alle BRD-Bürger sozial ab-zu-federn. Das aber können Rückerstattungen im Gesamtzusammenhang der aktuellen Klima- und Umweltkrise selbst im best-case nicht leisten. Was sie bestenfalls erreichen können, das mögen wir uns ebenfalls anhand der Abb. 4.2 und der Tab. 5.2 klar machen. Dort wird ja die Summe der aus heutiger Sicht bestenfalls nach zehn Jahren darstellbaren Rückerstattungen indirekt über die Steuersäule 4 abgebildet. Deren Finanzierungsvolumen wurde oben im best-case-Szenario mit € 100 Mrd. geschätzt. Diese Summe würden die sozial Unterstützungsbedürftigen nach

---

[3] So z. B. Sebastian Mauritz nach Helmut Wilkens: „Resilienz macht ein System vorausschauend widerstandsfähig gegen Widrigkeiten seiner Umwelt. Sie ist die Fähigkeit eines Systems, kontinuierliche Veränderungen seines Kontextes zu antizipieren und darauf proaktiv zu antworten, anstatt punktuelles Krisenmanagement zu betreiben. Resilienz führt ein System dazu, sich zu transformieren, bevor die Notwendigkeit zur Veränderung in eine aussichtslose Lage führt" https://www.resilienz-akademie.com/podcast-apropos-resilienz/.

Rückerstattungsplan von den Grünen keinesfalls vollständig erhalten. Vielmehr nur den davon auf sie entfallenden Anteil an den gesamten Preissteigerungsbelastungen. Das wären an Rückerstattungen für die zur Bewältigung der Klimakrise Unterstützungsbedürftigen laut Tab. 5.2 rund € 60 Mrd. Das reicht schon aufgrund der bis jetzt geradezu explodierten Rohstoffpreise nicht einmal für einen Inflationsausgleich. Das bedeutet im Klartext: Solche Rückerstattungen plus die sonstigen bisher geplanten Energiebeihilfen sind nicht viel mehr als kleinkarierte Insellösungen. Auch die von den Grünen zu Recht für notwendig erachteten Lebensmittelpreiserhöhungen zur Ermöglichung einer ökologischeren Nahrungsmittelerzeugung bleiben so fromme Ankündigungspolitik. So aber kann kein soziales Resilienzpotenzial entstehen. Bildlich gesprochen: Allein mit Hilfe des Insellösungskonzepts von den Grünen et al. würde die Plattform des sozialen „Abfederungsniveaus" laut Abb. 4.2 nahezu vollständig auf das Ausgangsniveau (AU) zusammenstürzen.

Leider wird das zuletzt umrissene Problem von manchen sich überhaupt der Klimaproblematik widmenden Wirtschaftswissenschaftlern übersehen. Das verwundert weniger im Falle des ifo-Institutsleiters Dirk Fust, der in seinem bereits zitierten Klimabuch des letzten Jahres keinerlei sozialpolitischen Reformbedarf für seine Klimapolitik sieht (Fust, 2021, S. 15 ff.). Auch Ottmar Edenhofer als Chefökonomen des PIK unterstellt in seinen Veröffentlichungen zur Klimapolitik (Edenhofer & Jakob, 2019, S. 17 ff.) ebenso wie Fust, dass sich über das zuletzt kritisierte Rückerstattungskonzept alle Klimaprobleme in den Griff kriegen lassen. Er widerspricht damit allerdings indirekt den weisen Ermahnungen seiner Institutskollegen Schellnhuber, Renn und anderen, die stets eine viel stärkere Klimasolidarität, als bisher erreicht, einfordern.

Aber selbst die dem ökonomischen Mainstream eher kritisch gegenüberstehenden Wirtschaftswissenschaftler wie der bereits zitierte Armin Falk tun sich immer noch schwer mit der dringlich gebotenen Verbindung von Klima-, Wirtschafts- und Sozialpolitik. Er fordert zwar eine klimapolitisch überfällige Mehrbelastung des CO_2-Ausstoßes. Dafür aber will er im Zweifelsfall durchaus Zusatzbelastungen der sozial Schwächeren in Kauf nehmen. „Das muss die Gesellschaft aushalten, … man darf nicht aus Angst vor der nächsten Wahl die CO_2-Preise niedrig halten. Dann ist die Gefahr groß, dass die Klimapolitik scheitert" (Heuser, 2022). Diese Äußerung mag, wie der Zeit- Wirtschaftsjournalist Uwe J. Heuser diese kommentiert, „etwas befreiendes haben". Sie ist aber in dieser Vereinfachung nicht nur unsozial, sondern letztlich politisch naiv gedacht. So einfach jedenfalls kommen weder Ampel noch Die Grünen aus der oben geschilderten Blockadekrise ihrer Klimapolitik heraus. Das werden sie nur über eine proaktive Umwelt-und Sozialpolitik aus ganzheitlicher Zusammenschau des obigen Problemlösungsbedarfs erreichen können. Hierfür sind aber noch in der gesamten politischen und dem überwiegenden Teil der publizistischen Führungselite, trotz deren bemerkenswertem sicherheitspolitischen Paradigmenwechsel, wahrlich „dicke Bretter zu bohren".

Literatur

Edenhofer, O., & Jakob, M. (2019). *Klimapolitik. Ziele, Konflikte, Lösungen.* C. H. Beck.

Fust, D. (2021). *Ein neuer Weg aus der Klimakrise: Mutig. Machbar. Marktkonform.* oekom.

Heuser, U. J. (20. Januar 2022). Ideen gegen die Ungleichheit. *Die Zeit,* 21.

Schloen, B. (2019). *Grundeinkommen und Menschenwürde.* Springer Gabler.

Schloen, B. (2021). *Klimasolidarität durch Grundeinkommen.* oekom.

Statista. (2021). *Fleischverarbeitung in Deutschland.* https://de.statista.com/themen/4069/ fleischverarbeitung-in-deutschland. Zugegriffen am 05.08.2021.

Straubhaar, T. (2021). *Grundeinkommen jetzt! Nur so ist die Marktwirtschaft zu retten.* NZZ Libro.

Kampagnen für ein klimasolidarisches Zusammenrücken

1 Die schon in der Einführung beklagten Zögerlichkeiten wie auch Realitätsentkoppelungen unserer Führungselite künden auch von mangelnder innerer Betroffenheit derselbe von den apokalyptischen Bedrohungen durch Klimakrise, Gesellschaftsspaltungen wie auch globalen Verwerfungen. Dass dies immer noch zu wenigen wirklich „unter die Haut geht", das hat Luisa Neubauer zumindest für die Klimakrise und den diesbezüglichen Journalismus in ihrem Streitgespräch mit dem Die Zeit-Redakteur Bernd Ulrich treffend ausdrückt: „Für die [meisten] Menschen ist das Klima ein Thema, nicht ihr persönliches Problem[.] … [E]s wäre die Aufgabe von Klimajournalismus, die Klimakrise zu dem zu machen, was sie ist. Sie ist keine Krise des Klimas. Sie ist die Krise der Menschen und der Menschheit" (Neubauer & Ulrich, 2021, S. 59).

Liegt der tiefere Grund für diese offensichtliche Bewußtseinstrübung in kulturellen Fehlentwicklungen? Ist die Menschheit, bildlich gesprochen, irgendwann und irgendwie in die falsche Richtung abgebogen und findet den rechten Weg nicht mehr? Z. B. anstelle des bisher unerfüllten Vermächtnisses der großen Französischen Revolution nach mehr Brüderlichkeit (Gesellschafts-Solidarität) in Freiheit (Schloen, 2021, S. 16 ff.) sich lieber einer werteentleerten, egomanen Konsumabhängigkeit zu unterwerfen? Dies wiederum teilweise ausufernd in die Gier nach ständigem Mehr an Luxus und Sozialprestige. All dies selbst unter Inkaufnahme zunehmender sozialer Ungleichheit und Naturausbeutung. Könnte eine solcherart falsche „Wegabzweigung" in Richtung eines immer extremeren Materialismus tatenwirksamere Empathien für armutsbedrohte Bevölkerungskreise und damit eine politikbeeinflussende Gesellschaftssolidarität samt werteorientierte Politik verhindert, wenn nicht sogar sediert haben?

In jedem Fall wirkt die anhaltende Handlungslähmung und teilweise Sprachlosigkeit von Regierung und veröffentlichter Meinung in Sachen sozialer Abwendung weiterer Gesellschaftsspaltungen auch zur Bewältigung der Klimakrise sehr fatal auf das Vertrauen breiter Bevölkerungskreise in die Handlungsfähigkeit der politischen Klasse. Gegen solche Vertrauensverluste hilt nur die ab Kapitel drei ausgeführte Partizipationsstrategie. Vom Grundastz her sieht dies auch die Berliner Professorin Jutta Allmendinger so, die aktuell einfordert: „Wir brauchen zwingend eine staatliche Steuerung von Partizipation und Teilhabe...es muss also darum gehen, gesellschaftliche Prozesse der Umverteilung und Kompensation zu implementieren...ohne gesellschaftliche Zusammenhalt lassen sich Klimaziele nicht erreichen" (Allmendinger, 2022, S. 269 ff.). Und mit gleicher Tendenz kritisiert der Stifter Klaus Wiegandt: „Es ist für mich... fahrlässig, dass die Politik(bisher)ohne einen umfassenden, gesellschaftlichen Diskurs glaubt, die ...(notweng einschneidenden) Maßnahmen ...unter gewaltigem Zeitdruck in der Bevölkerung durchsetzen zu können....(deshalb) sollten Stiftungen, Unternehmen (und Zivilgesellschaft) den ...Dialog über die Folgen der Erderwärmung ...initiieren" (K.Wiegandt, Warum es die Mobilisierung der Zivilgesellschaft braucht, in:3 Grad mehr, oekom 2022, a.a.O., Seite 306 ff.).

Mehr als nur für einen Diskurs sollten sich jetzt spontane, solidaritätsoffene Klimabewegungen auf den Weg machen, mit denen zusammen, z. B. Fridays for Future oder Parents for Future verbünden mögen. Aber auch Mitglieder der Grundeinkommen-Netzwerde möge sich für ein Kliamsolidarisches Grundeinkommen in solche Bewegungen einbringen.

Dafür mögen einprägsame Schlagwortverbindungen im Sinne des jüngst in Der Spiegel im Januar 2022 veröffentlichten Weckrufs „Macht den Klimaschutz sozialer!" weitergeführt und versichtet werden zu:

Übersicht

„Klimasolidarität erfordert Zusammenrücken"
und/oder
„Klimasolidarität gegen Zivilisationszerfall"
und/oder
„Klimasolidarität statt Sozialausgrenzung"
und vor allem
„Zivilisationsrettung jetzt!"

Falls sie solche Kampagnen unterstützen möchten wenden Sie sich bitte an „buendnis@klimasolidaritaet.de".

Literatur

Allmendinger, J. (2022). Deutschland im Klimastress. In K. Wiegandt (Hrsg.) *3 Grad Mehr*. oekom.

Neubauer, L., & Ulrich, B. (2021). *Noch haben wir die Wahl*. Klett-Cotta.

Schloen, B. (2021). *Klimasolidarität durch Grundeinkommen*. oekom.

Zeit der Wahrheit 7

Die zuletzt skizzierten Kampagnen mögen über die bisher wenig begeisterungs-
stiftende Klimakommunikation hinaus dazu beitragen, Kampfeswillen für unser
zivilisatorisches Überleben und dafür sogar „Aufbruchsstimmung"[1] zu erzeugen,
wobei letzteres in Anbetracht der aktuell noch nicht überschaubaren Auswirkungen des Ukrainekrieges als sehr schwierig, wenn nicht sogar für die absehbare
Zukunft als aussichtslos erscheinen mag. Denn durch Putins Überfall auf die
Ukraine werden zwar zum einen bestimmte technische Transformationen in der
BRD und vielleicht in vielen anderen Teilen der westlichen Welt als Antwort darauf erheblich beschleunigt. Das gilt insbesondere für den Ausbau der erneuerbaren Energien.

Zum anderen aber wird die zur Einbettung obiger Transformation bisher ge-
plante, marktgesteuerte CO_2-Emissionsminderung durch die von Putin und seinen
Ukrainekrieg ausgelösten Rohstoffpreisexplosion teilweise geradezu zerschossen.
So werden CO_2-Besteuerungs- wie ETS-Zertifikathandelspläne aktuell von der EU
erst einmal auf Wiedervorlage gelegt. Sehr viel hilfreicher wäre es dagegen, sofort
in allen EU-Mitgliedsländern sozial enger gemäß dem obigem Manifest mit proaktiven Steuerumverteilungen zusammenzurücken. Dafür jedoch scheint es sowohl
in der BRD als auch vielen anderen EU-Ländern trotz Ukrainekrieg an der dafür
notwendigen Solidarität bei deren Bevölkerungsmehrheit (laut Umfragen im Oktober 2022) zu fehlen.

---

[1] Für Aufbruchstimmung erzeugende Klimakommunikation, allerdings ohne konkrete Um-
setzungsvorschläge dafür zu benennen, plädierte Mojib Latif vor zwei Jahren in seiner Veröffentlichung Heißzeit (2020, S. 55).

Es kommen aber noch weitere Rettungsgefährdungen hinzu, nämlich der Zerfall unserer Weltzivilisation in zwei antagonistische unsd wirtschaftlich miteinander konkurrierende Groß- und Kleinblöcke. Der dadurch drohende Zerfall unserer bisherigen Weltordnung umfasst die meisten EU-Ländern samt USA, Großbritannien, Kanada, Australien und Neuseeland sowie weitere, demokratisch fundierte Staaten einerseits und Russland, Nordkorea, Syrien sowie China andererseits Die zuerst genannte Staatengemeinschaft fühlt sich zumindest bisher seitens ihrer Parlamentsmehrheiten den Prinzipien von Wahrheit, Demokratie, Freiheit und Rechtsstaatlichkeit verpflichtet. Dagegen setzt die diesem Block entgegenstehende, autokratische Staatengruppe vorrangig auf Lügen und manipulative Indoktrinationen. Letzteres eingesetzt als Beherrschungsinstrument zur Steuerung ihrer instrumentalisierbaren Untertanen. Soweit für notwendig erachtet wird die Beherrschung auch durch Inhaftierung bis zur Eliminierung jedes sich der Instrumentalisierung verweigernden Opponenten erzwungen. Im Falle der Ukraine und der Uiguren gehört dazu sogar Völkermord. Die Folge von all dem ist eine wachsende Kluft auch in der Realitätswahrnehmungen zwischen den zuletzt umrissenen Blöcken und schon deswegen immer stärker auseinanderdriftenden Gesellschaftszielen. Hinzu kommen verstärkt Sprachverwirrungen wie die aktuelle Verniedlichung des brutalen Auslöschungskrieges gegen die Ukraine mit dem aberwitzigen Täuschungssprech „entnazifizierende Spezialoperation" – ausgedacht durch Putin und wider besseres Wissen bisher kritiklos übernommen auch von China.

Die dadurch seit dem 24. Februar 2022 für die demokratische Wertegemeinschaft erzwungene Zeitenwende erfordert für die BRD von nun an Zweierlei: Zum einen eine endlich konsequente Weiterführung des am 27. Februar durch Kanzler Scholz angekündigten Paradigmawechsels in der Verteidigungs-, aber auch der werteorientierten Wirtschafts- und Bündnispolitik; zum anderen die hier stets wie ein Mantra geforderte soziale Abfederung einer in weiten Bereichen neu auszurichtenden Umwelt- und klimaschonenden Transformationspolitik gemäß diesem Manifest. Beides muss durch die oben erläuterten Steuerreformen konsolidiert werden. Der Konsolidierungsschlüssel dazu ist die im Kap. 4 dieses Buches vorgestellte „Entzwergung" der Erbschaftssteuer. Erst diese erlaubt es ja den Regierenden, die überfällige Aufforderung zu einem „engeren Zusammenrücken" überzeugend zu begründen. Ohne ein engeres Zusammenrücken wird aber die im mehrfachen Sinne des Wortes überfällige Zeitenwende nicht erfolgversprechend auf den Weg gebracht werden können.

Immerhin gelangt die veröffentlichte Meinung inzwischen vereinzelt zumindest in Teilbereichen zu ähnlichen Wertungen wie oben ausgeführt. So sieht der Spiegel-Journalist Dirk Kurbjuweit in Putins Krieg gegen die Ukraine „nur einen Vorläufer des großen Konflikts zwischen den autoritären und den demokratischen Staaten …

[D]ie Angst der russischen Herrscher ist auch die der chinesischen: bloß keine Demokratie, denn sie wäre das eigene Ende" (Kurbjuweit, 2022). Kurbjuweit hält also die oben angedeutete Aufspaltung der Weltgemeinschaft in einen autokratischen und einen demokratischen Block ebenfalls für sehr wahrscheinlich. Offen allerdings bleiben bei ihm wie auch bei vielen der seit Kurzem in dieselbe Richtung argumentierenden Autoren jedoch Antworten bezüglich der Bewältigung der daraus folgenden Probleme. Und diese betreffen allen voran die Frage: Wie können wir unsere bisher auf uneingeschränkte Globalisierung ausgerichtete Wirtschaft zu einer klimaschonenden Transformation innerhalb einer solchen Blockbildung ertüchtigen? Und: Wie sichern wir zudem den sozialen Frieden innerhalb des demokratischen Blocks? Für die zuletzt hinterfragten Umstellungserfordernisse ist Russland zumindest mittel- und langfristig kein Problem. Anders dagegen China, denn dieses Land ist im Gegensatz zu Russland ein wirtschaftliches Schwergewicht und zudem der bedeutendste Auslandsmarkt für unsere Automobilindustrie. Auf eine wertorientierte Außenpolitik mit der Aufforderung zur Einhaltung von Menschenrechten könnte dieses Land durchaus mit Importerschwernissen reagieren. Das bisherige Exportmodell der deutschen Automobilindustrie könnte dadurch in wesentlichen Teilbereichen Makulatur werden.

7.1   Demokratie lebt von Werteorientierung

Wegen obiger Risiken steht die BRD angesichts des putinschen Vernichtungskrieges und dessen bisher zumindest propagandistischen Unterstützung durch China vor schicksalhaften Herausforderungen, nämlich sich gegenüber China für oder gegen eine Fortsetzung ihrer bisher von Konzerninteressen dominierten Politik zu entscheiden. Eine Fortsetzungsbeendigung würde die Abkehr von der bisherigen Leisetreterei in Sachen Menschenrechte hin zu einer werteorientierten Politik mit mehr oder weniger „klarer Kante" gegen den Völkermord an den Uiguren bedeuten. Das jedoch wird als Bestandteil einer proaktiven Umwelt- und Sozialpolitik der BRD allenfalls eine selbstbewusstere Regierung derselben veranlassen. Sie wird dieses auch nur dann längerfristig durchhalten können, wenn sie dafür große Teile der Bevölkerung gewinnen kann. Das aber – und hier komme ich wieder auf das in diesem Manifest ständig wiederholte Narrativ zurück – erfordert zuallererst ein klimasolidarisches Grundeinkommen im Rahmen der ab Kapitel drei dargestellten, Klimasolidarischenr Transformatinswirtschaft.

Per kurzfristigem Minimalkonsens sollte die Ampel zumindest in der Lage sein, explodierende Energiepreise CO_2 mindernd zu nutzen und durch Umverteilung sozial abzufedern. Dies sollte mit der von Marc Beise in der SZ vorgeschlagenen, generellen Geschwindigkeitsbegrenzung auf Tempo 100 beginnen und mit „einer Heizobergrenze von 20 Grad fortgeführt werden..Dazu mögen nach ihm kommen verbindliche Maßnahmen zum Home-Office, damit Unternehmen Räume nicht heizen müssen … sowie autofreie Sonntage und schließlich dunkle Innenstädte. „Da bringt man locker 20 Maßnahmen zusammen, die sich zu erklecklichen Einsparungen summieren ließen und aus der Kriegsnot heraus gut zu begründen wären" (Beise, 2022). Letzteres kostet nichts und trägt auf jeden Fall zur Klimaverbesserung und Minderung des Kraftstoffverbrauchs ohne weitere Sozialgefährdungen bei. Vor allem aber setzt es das symbolisch so wichtige Signal, nämlich: „Jawohl wir haben verstanden, wir wollen alles uns sofort Mögliche zur Emissionsminderung bei gleichzeitiger Verbesserung unserer Optionen für Sanktionsverschärfungen gegenüber Putin tun." Das würde aber erst wirkungskräftig mittels eindringlicher Kanzlerreden mit dem Narrativ des „Wir müssen enger zusammenrücken" den Bürgern zu vermitteln. Natürlich bedarf das zwecks Glaubwürdigkeit zudem des Versprechens der unverzüglichen Inangriffnahme der hier vorgestellten Architektur einer gerechteren Vermögens- und Lastenverteilung samt dadurch finanzierbarem, klimasolidarischem Grundeinkommen. Für den derzeitigen Ampel-Finanzminister und dessen zögerlichem Kanzler anscheinend doch zuviel- oder ?

7.2   Rettung möglich – aber zunehmend unwahrscheinlich

Mein abschließendes Resümee in Sachen wahrheitsbemühter Suche zu den verbliebenen Chancen einer Zivilisationsrettung möchte ich in den Slogan fassen: Sie (die Zivilisationsrettung) ist immer noch möglich. Sie wird aber schon aufgrund der sich dramatisch zuspitzenden Weltlage immer unwahrscheinlicher. Das bewirken kurzfristig, also innerhalb der nächsten fünf Jahre, schon die nahezu ungebremst steigenden CO_2-Emissionen und damit das Näherrücken, wenn nicht sogar Überschreiten, verhängnisvoller Kipppunkte für immer dramatischere Klimaturbulenzen. Davon völlig unbeeindruckt leistet sich Putin auf Kosten seines Landes und der gesamten Weltgemeinschaft seinen obsessiven Ukrainekrieg als Generalangriff auf jede Art von Demokratie und individueller Selbstbestimmung. Und diese Obstruktion wird zu allem Überfluss kritiklos von China als eine der einflussreichsten Wirtschafts- und Militärmächte gestützt. Zumindest kurzfristig kann so die überfällige, weltweite Kooperation gegen den Klimawandel nicht gelingen.

Immerhin führte bisher Putins barbarischer Überfall auf die Ukraine in der veröffentlichten Meinung der BRD zu ersten Aufwachprozessen von deren eingangs geschilderten „Schlafwandlermodus". So erkennt Bernd Ulrich in Die Zeit, dass inzwischen ein Endpunkt für unser „weiter so wie bisher" erreicht sei. Er sieht es als erwiesen an, dass neben dem Klimawandel, dem Artensterben, dem Ukrainekrieg und den sich abzeichnenden Hunger- und Massenfluchtkatastrophen inzwischen „Krisen nicht mehr die Ausnahme von der Normalität, sondern die Normalität die Ausnahme [war.] ... [D]ie Welt befindet sich in einem anderen Aggregatzustand[.] ... Politiker haben das insgeheim zugegeben[.] ... [N]ur öffentlich wird nach wie vor der Eindruck erweckt, als ginge es [nach Beendigung des Ukrainekrieges] weiter so wie gehabt[,] ... weil sie keine Lösungen präsentieren können, die sich einigermaßen proportional zu den Problemen verhalten[.] ... [U]nd tatsächlich, mit den konventionellen Mitteln bisheriger Politik sind die Krisen kaum noch zu bewältigen; ... [sie gleicht eher einer] Behelfspolitik der panischen Flickschusterei" „ (Klammern eingefügt vom Autor) (Ulrich, 2022). Das wir zur nachhaltigen Krisenbewältigung schnellstmöglich von der durch Bernd Ulrich beschriebenen Flickschusterei abrücken müssen, das könnte unseren durch kurzfristiges Machterhaltungsdenken blockierten Politikverantwortlichen an Hand der seinerzeitigen, jetzt jedoch wieder brantaktuell gewordenen Gefahrenanalysen von Hannah Arendt bewusst werden. Nach diesen müssen wir nicht nur die putinschen, sondern insbesondere die weltweiten Herrschaftsansprüche von Xi Jin Ping sehr viel ernster nehmen als bisher. Denn: „Totalitäre Führer beginnen ihre Karriere meist damit, das sie sich ihrer vergangenen Verbrechen mit unvergleichlicher Offenheit rühmen und ihre zukünftigen mit unvergleichlicher Genauigkeit voraussagen,, (Arendt, 2021, S. 660). Und gerade die präzisen Voraussagen des gegnüber Putin viel mächtigeren Xi Jin Ping in Sachen der von ihm angestrebten Weltherrschaft mittels orwellscher Methoden globaler Untertanenbeherrschung sollte uns endlich alle aufschrecken, dagegen viel kosequenter und entschlossener als bisher Abwehrvorkehrungen zu treffen. Aber auch die werden ohne ein Klimasolidarisches Grundeinkomme im Rahmen der ober beschrieben Partizipationstrategie zumindest in der BRD politisch nicht umsetzbar sein.

Soweit zur eher düsteren, aktuellen Lage. Sieht es mittel- und längerfristig eventuell besser aus? Da niemand die Zukunft und erst recht nicht eine ferner liegende vorhersagen kann, lässt sich diese Frage natürlich nicht einfach mit ja oder nein beantworten. Eher lassen sich die Bedingungen voraussagen, unter denen überhaupt eine die obigen Krisen meisternde, demokratische Zivilisation überleben kann. Und dazu vermag ich nur auf Grundlage des bereits im Manifest eingeforderten Paradigmenwechsels als Bedingungen zu benennen:

a. Die Umsetzung echter Gesellschaftssolidarität samt klimasolidarischer Grundsicherung, zumindest in den führenden sowie Demokratie und Rechtsstaatlichkeit verteidigenden EU- Ländern;
b. Einen umwelt- und klimagerechten Systemwandel in der Wirtschafts-, Agrar-
   und Verkehrspolitik aller führenden, industriell geprägten Staaten (s. auch
   Schloen, 2021, S. 89 ff.).
c. Eine weltweite Umweltschutzkooperation mit solidarischer Unterstützung der
   Entwicklungsländer durch die wirtschaftlich leistungsfähigeren Staaten.

Insbesondere für das Gelingen von Ziffer (a) könnte die BRD neben Norwegen,
Schweden und Dänemark eine sowohl sozialfortschrittliche wie auch die individuellen Freiheiten sichernde Leuchtturmfunktion für die anderen EU-Staaten übernehmen. Genau dafür sollte dieses Manifest ja als Blaupause dienen. Nur: Mit einer von
kurzfristigem Machterhaltungsstreben beherrschten Regierungskoalition und einem vor allem zögerlichen Kanzler kann diese Funktion niemals erreicht werden.

Literatur

Arendt, H. (2021). *Elemente und Ursprünge totaler Herrschaft*. Piper Verlag.
Beise, M. (22. März 2022). Nicht erst sagen, was nicht geht. *Süddeutsche Zeitung*, 15.
Kurbjuweit, D. (19. März 2022). Schluss mit dem Schlafwandeln. *Der Spiegel*, 56.
Latif, M. (2020). *Heißzeit, Mit Vollgas in die Klimakatastrophe – und wie wir auf die Bremse
   treten*. Herder.
Schloen, B. (2021). *Klimasolidarität durch Grundeinkommen*. oekom.
Ulrich, B. (24. März 2022). Sieben auf einen Streich … die Krisen sind eng verzahnt. *Die
   Zeit*, 4.

Epilog

Die Dimensionen und Gesetzmäßigkeiten der Putischen und insbesondere der Xi Jingpigschen Weltbedrohungen erscheinen auf den ersten Blick als weitgehend persönlichkeitsbedingt. Angesichts jedoch der phänomenalen Massendurchdringung ihrer totalen Herrschafts- und Unterdrückungssysteme, welche beide Autokraten inzwischen wie unanfechtbar etabliert haben, scheinen doch so manchen übermenschliche Kräfte dahinter zu stecken. Die Tradition spricht dann von einem kampf zwischen Gut und Böse. Dann jedoch stellt sich bezüglich Putin und Xi Jingping wie schon vor nahezu Hundert Jahren für Stalin und Hitler die Frage: Warum sind diese Personen als Vollstrecker für das offensichtlich durch sie so übermächtig wirken wollende Böse so vorzüglich geeignet? Hätte man dies bei den Genannten schon von deren Jugend an erkennen können? Oder wurde dieses erst allmählich und/oder in späteren Jahren bei diesen erkennbar? Rückblickend kann man wohl sagen: Es wurde bei allen erst dann in seiner wahren Dimension erkennbar, als sie zumindest eine Plattform zur Machtergreifung für sich erkämpft hatten. So wurde das Putinsche „Teufelsspiel" erst unmittelbar vor dessen Wahl zum russischen Präsidenten offensichtlich. Es begann mit den vom FSB-Geheimdienst gesteuerten Terrorangriffen mit vielen Todesopfern in Moskau.[1] Putins brutale Tsche-

---

[1] Kurz nach seiner am 09. August 1999 erfolgten Ernennung zum Ministerpräsidenten geschahen sodann in Moskau bis heute unaufgeklärte Terroranschläge auf Wohnhäuser und ein Einkaufszentrum in Moskau. Diese sollen nach Einschätzung namhafter Russlandanalysten ebenfalls von Putin als FSB-Direktor befohlen worden sein. FSB-Direktor war Putin vom 25. Juni 1998 bis August 1999.

B. Schloen, *Zivilisationsrettung jetzt!*, https://doi.org/10.1007/978-3-658-38331-2_8

ka-Prägung[2] wurde sodann im ersten Jahrsiebt seiner ab 26. März 2000 beginnenden Präsidentschaft immer offensichtlicher. Seine diesbezüglichen Brutalitätsmuster wurde vor allem durch die Art seiner innerrussischen Terrorismus- aber auch Oppositionsbekämpfungen deutlicher erkennbar. Diese begannen ab Oktober 1999 mit seiner kommissarischen Selbst-Inthronisation zum tschetschenischen Staatspräsidenten. Das nutzte Putin sogleich für die Eröffnung des zweiten Tschetschenienkrieges. Letzterer hatte zum Ergebnis eine vollständige Auslöschung der Hauptstadt Grozny und eine Verheerung des Landes mit Hunderttausenden von Toten, davon viele gefolterte, vergewaltigte und oft grausam umgebrachte Zivilisten. Als Racheakt auf diesen Auslöschungsfeldzug besetzten im Oktober 2002 tschetschenische Geiselnehmer das Moskauer Dubrowka-Theater. Es folgte eine nach üblicher FSB-Manier exekutierte Befreiungsaktion mit 129 getöteten Geiseln. Ein vergleichbares putinsches Befreiungsmuster erfuhr alsbald im September 2004 eine Neuauflage anlässlich der Schulgeiselnahme im russischen Beslan durch kaukasische Terroristen. Nach einer wiederum den Geiseln gegenüber menschenverachtenden Befreiungsaktion waren 300 von diesen tot, davon 186 Kinder.[3]

Neben all diesen verstörenden Ereignissen überschatteten das erste Jahrsiebt der putinschen Präsidialherrschaft zudem seine stets voranschreitende Pressegängelung sowie die immer mehr auf ihn ausgerichtete Vertikalisierung des russischen Machtsystems zu einer von ihm so genannten „gelenkten Demokratie". Daneben aber gab er sich in dieser Herrschaftsperiode den Anschein einer prowestlichen Außenpolitik. Dieser Eindruck wurde zunächst untermauert durch seine vielversprechende Rede am 25. September 2001 vor dem deutschen Bundestag und sodann durch seine Pressekonferenz im Jahre 2004 mit dem damaligen Bundeskanzler Gerhard Schröder. In dieser betonte er drei Tage nach dem Beitritt von Estland, Lettland, Litauen, der Slowakei, Slowenien und Rumänien zur NATO, dass sich die Beziehungen Russlands zur NATO „positiv entwickelt" hätten. So erschien im ersten Jahrsiebt Putins Wirken zumindest aufmerksamen Beobachtern als janusköpfig: prowestlich nach außen und repressiv bis menschenverachtend nach innen

Von der obigen Janusköpfigkeit blieb im zweiten Jahrsiebt von Putins Russlandbeherrschung nicht viel übrig. Im Gegenteil: Geradezu überfallartig konfrontierte Putin am 01. Februar 2007 die Weltöffentlichkeit während der Münchner Sicher-

---

[2] Dies bedeutet, dass Terror für Putin wie seit dem „Roten Terror" der sowjetischen Geheimpolizei Tscheka ab dem Sommer 1918 praktisch Staatsdoktrin bedeutet. Siehe dazu Mommsen 2017, S. 251.

[3] Die Geiselnahme erfolgte durch nordkaukasische Terroristen gegenüber rund 1100 Kindern und Erwachsenen und dauerte etwa vier Tage. https://de.wikipedia.org./wiki/geiselnahme von beslan.

heitskonferenz mit seiner von da an sich stets verschärfenden Abgrenzung zu demokratischen Werten und überhaupt zum Westen. Insbesondere den USA warf er „Streben nach monopolarer Weltherrschaft" und der NATO unverhofft auf einmal „ungezügelte Militäranwendung" vor. Von da an wiederholte Putin ständig das von ihm neu konstruierte Narrativ von der angeblich Russland bedrohenden NATO-Osterweiterung. Er selbst allerdings erlaubte sich einen grundlosen Überfall auf Georgien mit anschließender Annexion von Südossetien, ferner ein immer offensiveres Einwirken auf die Ukraine, welches 2014 in der Krim- und Donbassbesetzung kulminierte.

Nachdem die USA als damaliger „Noch-Weltpolizist" sowie Großbritannien als Garantiemacht für die Ukraine zusammen mit anderen NATO-Staaten auf diese völkerrechtswidrigen Aggressionen nur mit relativ unwirksamen Sanktionen reagierten, erweiterte Putin sowohl seine imperialen Angriffsaktionen wie auch seine innenpolitischen Repressionen im dritten Jahrsiebt seiner Russlandbeherrschung. Von ersteren ist hervorzuheben die Auslöschung von Aleppo insbesondere durch die russische Luftwaffe seit 2015 sowie weitere Verheerungen durch russische Assad-Unterstützung im Syrienkrieg, ferner Putins Geheimdienstmanipulationen zugunsten von Trump im US-Wahlkampf 2016. Innenpolitisch setzte sich Putins Blutspur durch die Ermordung unbequemer Journalist(inn)en wie Anna Politkowskaja sowie Giftanschläge auf Skripal, Nawalny und viele andere fort. In der dadurch erzeugten Grundstimmung staatsterroristisch orchestrierter Angst fand er dafür im Inland und Ausland erstaunlich viele Dulder und sogar Sympathisanten. Daran änderte selbst die fast vollständigen Zerstörung aller zivilgesellschaftlichen Netzwerke und die landesweite Opponentenunterdrückung durch Putin wenig. Vielmehr blieb trotz solcher Kulturvernichtungen zumindest bis zum 24. Februar 2022 ein beträchtlicher Einfluss sog. Putinversteher auf den politischen Kurs der BRD unübersehbar.[4] Erst die mit dem Ukraineüberfall offensichtlich gewordene, zivilisationszerstörende Diabolik des putinschen Terrorregimes konnte den Ein-

---

[4] Zumindest bis zum Überfall Russlands auf die Ukraine zeichnete das Gros solcher „Putinversteher" ein latenter bis offener Antiamerikanismus verbunden mit unerschütterlicher Russland- und bei manchen sogar Sowjetsympathie aus. Derartige Sympathien sind insbesondere in nicht zu übersehenden Bevölkerungskreisen der neuen Bundesländer verbreitet. Aber auch in der gesamtdeutschen Führungselite war ein solches Denken angefangen vom SPD-Fraktionsvorsitzenden Münzenich über viele Meinungsführer in AfD und Die Linke bis hin zu dem angesehenen ehemaligen Hamburger Bürgermeister Klaus von Dohnanyi noch bis zum 24. Februar 2022 anzutreffen. Dohnanyi gab noch Anfang 2022 in einem Interview zu Protokoll: „Ich sehe keine Radikalisierung bei Putin. Ich sehe eher eine konsequente Verfolgung seines Ziels, wieder ein Faktor in der Weltpolitik zu werden" https://de.wikipedia/org/wiki/Putinversteher.

fluss der „Putinversteher", zeitgleich mit Ankündigung einer „Zeitenwende" durch
Olaf Scholz, zumindest einhegen. Dennoch sollte man nicht übersehen, dass neben
einigen friedensbewegten „Prominenten" eine millionenstarke Blase von amerika-
phoben Putinanhängern zumindest in den sozialen Netzen ihre verstörende
Weltsicht trotz des bestialischen, russischen Völkermordes an der Ukraine weiterhin verklärt und bewirbt.[5]

Ganz im Gegensatz zu Putin vollzog sich die Erringung seiner als unanfechtbar
erscheinenden, totalen Herrschaft durch Xi Jinping über China sehr viel schneller
und unspektakulärer in lediglich zehn Jahren. So erscheint er nicht nur mir wie der
schicksalhafte Vollstrecker eines großen Plans dahinter stehende Wiedersacher-
mächte. Bemerkenswert ist jedenfalls für mich, das sich die Xi Jingpinsche Macht-
karriere ganau in das Zyklenuster einfügt, auf das der vor allem in den Niederlande
bekannte Universalforscher, Psychologe sowie Klinik- und Institutsgründer, Professor Bernhard Lievegoed kurz vor seinem Tode im Jahre 1992 hingewiesen hat.
Danach vermutete Lievegoed für die Zeit von 2020 bis etwa 2040 die Kulmination
weltweiter und grausamer kriegerischer Auseinandersetzungen. Dazu veranlasst
ihn die Beobachtung verchiedener, von Fernost urplötzlich ausgehender, expansi-
ver Zerstörungszyklen im jeweiligen Abstand von achthundert Jahren. Diese begannen für Europa im Jahre 435 nach Christi durch den Hunnenfürsten Attila mit
dessen Plünderung von großen Teilen Europas. Sodann folgte knapp achthundert
Jahre später die grausamen Niederwerfung des Kiewer Rus im Jahre 1223 durch
Dschingis Khan mit seiner Goldenen Horde. Und jetzt, wiederum achthundert
jahre später, wird am 16. Oktober 2022 Xi Jingping wie weiland Dschingis Khan
zum Heeresführer und zudem ähnlich wie ein chinesischer Kaiser zum lebenslan-
gen Vorsitzenden der Kommunistischen Partei Cinas mit der Ankündigung seiner
individalitäts- und freiheitsverachten Vorhaben zur baldigen Verwiklichung von
chinesischer Weltherrschaft gewählt. Als ich dazu die Bilder der rund 2300 ergeben
zu Xi Jingping aufblickenden und darüberhinaus wie Automaten gleichgeschaltet
dreinschauenden Parteideligierten sah, da verwandelten sich die obigen Vermutun-
gen von Lievegoed für mich plötzlich in ein ganz andere, nunmehr beängstigend
bedrohlich anmutende Wahrscheinlichkeiten. Angriffe und Versuchungen durch
das Böse gibt es nicht nur so wie die zuletzt skizzierten im Großen, sondern sehr
viel häufiger im Kleinen.und letztlich sogar bei jedem. Oft wirkt das Böse eher
verdeckt und, anders als bei den aufdringlichen und blasenbegrenzten Radikalen,
Querdenkern, Coronaleugnern und Pegidademonstranten, eher über unverdächtige
und oftmals gut beleumundete Führungspersönlichkeiten. Das gilt z. B. auch für

---

[5] Michael Bartsch erklärt dieses Phänomen als „Osttrotz mit unterentwickeltem Demokratie-
verständnis", https://www.slpb.de.blog/krieg-erklärungen-der%2D%2Dputin-versteher.

dogmatische Anhänger der sog. marktfundamentalen Ökonomie. Diesem Personenkreis ist auch der derzeitige Finanzminister Christian Lindner zuzurechnen. Lindner war nämlich bis vor zehn Jahren langjähriges Mitglied der Mont Pélerin Society wie auch der Hayeck-Gesellschaft. Diese Gesellschaften bilden unverändert zusammen mit dem Atlas Network „einen zentralen Knotenpunkt im globalen Netz der Klimaskeptiker, die in der Tradition von Friedrich August von Hayeks Erkenntnistheorie arbeiten" (Beckers, 2021). Nach der hayeckschen Erkenntnistheorie kann es nämlich keine wirklich gesicherte Erkenntnis über die Tatsache eines menschengemachten Klimawandels geben. Trotz dessen wissenschaftlicher Unterlegung kann eine solche Hypothese nach der Wissenschaftsauffassung vorgenannter Theorieanhänger nicht mehr als eine „Anmaßung von Wissen" sein. Denn: Über ein vollständiges Wissen verfüge – so Hayek – allenfalls der Markt, niemals aber eine Gruppe von Menschen, selbst, wenn dieser Gruppe vielleicht sogar mehr als hundert von Wissenschaftlern angehören. Eine so begründete Wissenschaftsfeindlichkeit hat über Lindner hinaus in der FDP viele Anhänger. Als einer dieser erklärte z. B. der FDP-Abgeordnete Frank Schäffler 2014 im Handelsblatt: „Ich bin ein Klimaskeptiker". Nicola Beer twitterte 2017: „ Angebliches Auftreten von mehr Extremwetterereignissen ist F a k e N e w s". Für den Wahlkampf im Jahre 2021 hatte Lindner streng nach dieser Tradition die Parole ausgegeben, dass im Grunde zwei politische Konzepte zur Wahl stünden: Freiheit für Menschen und ihre Ideen einerseits – mehr Staat und damit mehr „Anmaßung von Wissen" andererseits (zitiert bei Beckers, 2021).So lassen sich Wissen und Wahrheit zu einer neoliberal verzwergten Beliebigkeit diskreditieren. Mit ihrem dadurch die Ideale der Französischen Revolution geradezu verhöhnenden Freiheitsbegriff[6] kann eine sozial wenig emphatische und dem Neoliberalismus zum Teil dogmatisch verhaftete Ampelpartei wie die FDP überfällige Energiesparmaßnahmen erheblich erschweren, wenn nicht sogar blockieren. Das gilt bereits für ein alle treffendes Tempolimit und erst recht ein solidarisches Zusammenrücken gemäß dem hier vorgestellten Manifest.

Was aber schützt uns gegen die weltweit vordringende Lügenanfälligkeit und -besessenheit durch das Böse einschließlich der durch dieses innerhalb parteilicher Zusammenhänge aber auch individuell bewirkten, dogmatischen Verblendungen und sonstigen Verführungen? Einen weiterführenden Hinweis könnte uns

---

[6]Die unbegrenzte Freiheit des Individuums à la Lindner und Kubicki auch auf Kosten der sozial Schwächeren führt letztendlich zu mehr Plutokratie anstelle von Demokratie. Die Aufrechterhaltung eines demokratischen Gesellschaftszusammenhalts verlangt dagegen stets einen ausgewogenen Dreiklang von Freiheit, Gleichheit (= Rechtsstaatlichkeit) und Brüderlichkeit (= Gesellschaftssolidarität). Siehe dazu auch Schloen 2021, S. 14 ff.

auf diese Frage vielleicht Antoine de Saint-Exupéry vermitteln, der ja schreibt: „man sieht nur mit dem Herzen gut". Das Herz steht bekanntlich für Empathie- und Liebesfähigkeit. Diese kann uns nicht nur ein Mitfühlen mit unseren Zeitgenossen, sondern auch ein besseres Verstehen derselben einschließlich von deren familiärem, gruppenmäßigem, nationalem und internationalem Zusammenwirken erleichtern. Dadurch lernen wir wiederum unterschiedliche Weltanschauungen über einen ergebnisoffenen Diskurs von These und Antithese auch im Sinne der hegelschen Dialektik[7] zu verinnerlichen und weiterzuentwickeln. Führen wir einen so gearteten Diskurs sowohl mit Enthusiasmus im Sinne von Georg Friedrich Schlegel[8] als auch ständigem Umsetzungsbemühen für das von uns als erstrebenswert Erkannte fort, so werden frei nach Goethe zumindest Fenster für Hilfen seitens der Kräfte des Guten geöffnet.[9]

Das zuletzt angeführte Bemühen bedarf eigenständiger und nicht selten mutiger Entscheidungen für das nach unserem Wahrheitsempfinden jeweils Gute. Anders verhält es sich mit dem Bösen. Dieses – das ist meine weitere These – tritt stets von selbst aktiv an uns heran. Gegen dessen einlullende bis verführerische Fehlleitungen müssen wir immer wieder ein waches Bewusstsein entwickeln und zudem Handlungswillen beweisen. Nicht nur im Großen gegen die weltweite Unterdrückungen von individueller Freiheit durch die oben genannten Autokraten, sondern auch bereits auf nationaler und sogar parteilicher Ebene wie gegen die zuletzt skizzierten, marktradikalen sowie plutokratischen Blockierungen jedweder klimasolidarischer Reformbemühungen. Solcherart Geisteskämpfe führen nicht selten zu herben Niederlagen. Die Hauptsache bleibt, dass wir daraus jeweils lernen und stets zu einem Neubeginn bereit sind.

---

[7] Gemäß der hegelschen Dialektik sind der göttliche Weltengeist, der denkende Mensch und die Weltgeschichte nur drei Perspektiven ein und derselben Bewegung, nämlich der dialektischen Vernunftentfaltung. So interpretiert dies Walter Ziegler laut https://fritz.tips/dialektik-nach-hegel-einfach-erklärt/.

[8] Enthusiasmus kann nach Schlegel als schöpferische Kraft durch die Kultivierung unserer Fantasie entstehen. All dies durch Vereinigung von Religion, Kunst, Gesellschaft und Philosophie.

[9] Im Faust formuliert Goethe ja bekanntlich: „Wer immer strebend sich bemüht, dem können wir erlösend nahen."

Literatur

Beckers, M. (2. Dezember 2021). Radikale Marktforschung. *Die Zeit*, 62.

Mommsen, M. (2017). *Das Putin-Syndikat, Russland im Griff der Geheimdienstler.* C.H.Beck.

Schloen, B. (2021). *Klimasolidarität durch Grundeinkommen.* oekom.

The manufacturer's authorised representative in the EU is Springer
Nature Customer Service Centre GmbH, Europaplatz 3, 69115 Heidelberg,
Germany. If you have any concerns regarding our products, please
contact ProductSafety@springernature.com

Printed and bound by CPI Group (UK) Ltd, Croydon, CR0 4YY
28/04/2026
02098538-0002